CANTIQUES

A L'USAGE

DES RETRAITES

ET

DES MISSIONS,

PROPRES AUX CATÉCHISMES

ET AUX MAISONS D'ÉDUCATION.

NOUVELLE ÉDITION.

AU MANS,
CHEZ MONNOYER, IMP.-LIBRAIRE,
PLACE DES JACOBINS.

1834.

CANTIQUES

A L'USAGE

DES RETRAITES

ET DES MISSIONS,

PROPRES AUX CATÉCHISMES

ET AUX MAISONS D'ÉDUCATION.

NOUVELLE ÉDITION.

AU MANS,

CHEZ MONNOYER, IMPRIMEUR-LIBRAIRE,
Place des Jacobins.

1834.

Imprimerie de Monnoyer, au Mans.

MÉTHODE

POUR ENTENDRE LA Ste MESSE.

AVANT LA MESSE. — *Quand le Prêtre sort de la Sacristie.* — Je me présente, ô mon adorable Sauveur, devant vos saints autels, pour assister à votre divin Sacrifice ! Faites que par mon attention et par ma ferveur j'en retire tout le fruit que vous souhaitez. Daignez suppléer par votre grâce aux dispositions qui me manquent. Par le mérite de votre Passion qui va se renouveler sur cet autel, effacez tous les péchés et toutes les souillures que vous voyez en moi.

Permettez-moi, ô divin Jésus ! d'unir mes intentions aux vôtres. Donnez-moi les sentimens dont j'aurais dû être pénétré si j'avais été témoin de votre immolation sur la croix.

Trinité sainte, Père, Fils et Saint-Esprit, Dieu seul en trois personnes, je vous offre ce saint Sacrifice, 1.º pour rendre à votre souveraine Majesté l'hommage qui lui est dû ; 2.º pour vous remercier de tous vos bienfaits ; 3.º pour l'expiation de mes péchés et de tous les péchés du monde ; 4.º pour obtenir toutes les grâces dont j'ai besoin.

AU COMMENCEMENT DE LA MESSE. — *Quand le Prêtre monte à l'Autel.* — Mon Dieu, je ne mérite pas de paraître en votre sainte présence ; ce que je mériterais, ce serait d'être à jamais séparé de vous, à cause de mes iniquités qui sont sans nombres. Si j'ose me présenter dans votre saint temple, ce n'est que pour les déplorer et pour vous conjurer, comme le Publicain de l'Evangile, de m'en accorder le pardon.

AU CONFITEOR. — Pour connaître mes péchés, ô mon Dieu ! vous n'avez pas besoin que je vous les révèle, vous les connaissez bien autrement que je ne les connaîtrai jamais. Vous lisez dans mon cœur toutes mes iniquités. Néanmoins, pour m'humilier d'avantage, je vous les confesse toutes à la face du ciel et de la terre. J'avoue que je vous ai grièvement offensé par pensées, par paroles et par actions, et j'ai mérité votre indignation, par ma faute, par ma faute, par ma très-grande faute. Ayez pitié de ma misère, selon votre grande miséricorde. Souvenez-vous que je suis l'ouvrage de vos mains et le prix de votre sang. Charitable Marie, refuge des pécheurs, intercédez pour moi. Anges du Ciel, Saints et Saintes du Paradis, demandez grâce pour moi, et obtenez-moi pardon et miséricorde.

A L'INTROÏT, ET AU KYRIE, ELEISON. — Je sens naître en moi, ô mon Dieu ! une douce espérance de mon salut, en voyant votre Ministre s'approcher avec confiance du saint autel, et baiser avec respect, le lieu où reposent les reliques de vos Saints. Accordez-moi par leur intercession une crainte filiale de vous déplaire et un désir sincère de faire en tout votre sainte volonté.

Quand je vous dirais à tous les momens de ma vie : Seigneur, ayez pitié de moi, Seigneur, ayez compassion de ma misère ; ce ne serait pas encore assez pour le nombre et pour l'énormité de mes offenses.

AU GLORIA IN EXCELSIS. — Divin Jésus, béni soit à jamais le moment heureux où vous avez daigné paraître dans le monde. Que toute la Cour céleste vous loue et vous glorifie éternellement d'avoir bien voulu prendre un corps et une âme comme les nôtres, dans le sein immaculé de votre bienheureuse Mère. Hélas ! sans cet excès de charité, nous étions à jamais perdus. Faites, ô divin Sauveur des âmes ! que nous jouissions sur la terre de la paix que vous y avez apportée, et que nous méritions de vous voir dans le ciel, de vous bénir, de vous aimer sans fin, vous qui êtes le seul Saint, le seul Seigneur, le seul Très-Haut, avec le Père et Saint-Esprit, dans tous les siècles des siècles. Ainsi-soit-il.

AUX ORAISONS. — Accordez-nous, Seigneur, par l'intercession de la sainte Vierge et des Saints que nous honorons, toutes les grâces que votre Ministre vous demande pour lui et pour nous. M'unissant à lui, je vous fais la même prière pour ceux et celles pour lesquels je suis obligé de prier; et je vous demande, Seigneur, pour eux et pour moi, tous les secours que vous savez nous être nécessaires, afin d'obtenir la vie éternelle, au nom de J.-C. N. S. Ainsi soit-il.

A L'ÉPÎTRE. — Mon Dieu, vous m'avez appelé à la connaissance de votre sainte loi préférablement à tant de peuples qui vivent dans l'ignorance de vos mystères. Je l'accepte de tout mon cœur cette divine loi, et j'écoute avec respect les oracles sacrés que vous avez prononcés par la bouche de vos prophètes. Je les révère avec toute la soumission qui est due à la parole d'un Dieu; j'en vois l'accomplissement avec toute la joie de mon âme.

Que n'ai-je pour vous, ô mon Dieu ! un cœur semblable à celui des Saints de votre ancien Testament ! Que ne puis-je vous désirer avec l'ardeur des Patriarches, vous connaître et vous révérer comme les prophètes, vous aimer et m'attacher uniquement à vous comme les Apôtres !

Quand le Prêtre se prépare à lire l'Evangile. — Disposez mon cœur, ô mon Dieu ! à profiter des vérités contenues dans votre saint Evangile. Vous avez les paroles de la vie éternelle. Malheur à moi si le respect humain était jamais capable de me faire transgresser vos saintes lois. Vous avez menacé de rougir devant votre Père de celui qui aura rougi de vous devant les hommes. Placez donc, Seigneur, votre saint Evangile sur mon front, afin que je me glorifie de le pratiquer ; placez-le sur mes lèvres, afin que j'en fasse le sujet de mes plus doux entretiens ; placez-le dans mon cœur, afin que je le pratique par amour.

A l'Évangile. — Me voici debout, ô mon sauverain Maître ! pour vous marquer que je suis prêt à vous obéir en tout ce que vous me commanderez. Parlez, Seigneur ; votre serviteur écoute. Que voulez-vous de moi ? Que je sois doux et humble de cœur.... que je me renonce moi-même.... que je cherche le royaume de Dieu et sa justice, et vous m'assurez que le reste me sera donné par surcroît.... que je pardonne de bon cœur pour l'amour de vous à tous ceux qui m'ont offensé.... que je me fasse violence pour entrer dans le royaume des cieux.... Voilà ce que vous m'enseignez ; voilà ce que je crois. Mais que ma conduite est éloignée de ma croyance ! je crois et je vis comme si je ne croyais pas ou comme si je croyais un Evangile contraire au vôtre. Inspirez-moi, mon Dieu, le courage de pratiquer ce que je crois : à vous, Seigneur, en reviendra toute la gloire.

Au Credo. — Oui, mon Dieu, je crois toutes les vérités que vous avez révélées à notre mère, la sainte Eglise Catholique, Apostolique et Romaine. Il n'y en a pas une pour laquelle je ne sois prêt à donner ma vie. C'est dans cette soumission entière de cœur et d'esprit, que je fais devant vous la même profession de foi que votre Ministre prononce au nom de tous les fidèles. Je vous remercie de la grâce inestimable que vous m'avez faite en m'appelant à la lumière admirable de votre sainte Evangile. Je renouvelle l'alliance solennelle que j'ai contractée avec vous dans le saint baptême, et je renonce de nouveau à Satan, à ses pompes et à ses œuvres.

A L'OFFERTOIRE. — Père infiniment Saint, Dieu tout-puissant et éternel, quelque indigne que je sois de paraître devant vous, j'ose vous présenter, par les mains du Prêtre, ce pain et ce vin qui vont être changés au corps et au sang de J.-C., avec l'intention qu'a eue ce divin Sauveur, lorsqu'il institua ce Sacrifice, et qu'il a eue encore au moment où il s'est immolé pour moi.

Je vous l'offre, pour reconnaître votre souverain domaine sur moi et sur toutes les créatures; je vous l'offre pour l'expiation de mes péchés, et en actions de grâces de tous les bienfaits dont vous m'avez comblé.

Je vous l'offre enfin, mon Dieu, cet auguste Sacrifice, afin d'obtenir de votre infinie bonté, pour moi, pour mes parens, pour mes bienfaiteurs, mes amis et mes ennemis, ces grâces précieuses du salut, qui ne peuvent nous être accordées qu'en vue des mérites de celui qui est le Juste par excellence, et qui s'est fait victime de propitiation pour tous.

AU LAVABO. — Lavez-moi, Seigneur, dans le sang de l'Agneau divin qui va vous être immolé, et purifiez jusqu'aux moindres souillures de mon âme, afin qu'en approchant de votre saint autel je puisse élever vers vous des mains pures et innocentes, comme vous me l'ordonnez.

A LA PRÉFACE. — Voici l'heureux moment où le Roi des anges et des hommes va paraître. Seigneur, remplissez-moi de votre esprit : que mon cœur, dégagé de la terre, ne pense qu'à vous. Quelle obligation n'ai-je pas de vous bénir et de vous louer en tout temps et en tous lieu. Dieu du ciel et de la terre, Maître infiniment grand, Père tout-puissant et éternel.

Rien n'est plus juste, rien n'est plus avantageux que de nous unir à Jésus-Christ, pour vous adorer continuellement. C'est par lui que tous les Esprits bienheureux rendent leurs hommages à votre Majesté; c'est par lui que toutes les Vertus du Ciel, saisies d'une frayeur respectueuse, s'unissent pour vous glorifier. Souffrez, Seigneur, que nous joignions nos faibles louanges à celles de ces saintes Intelligences, et que de concert avec elles, nous disions, dans un transport de joie et d'admiration :

AU SANCTUS.—Saint, Saint, Saint est le Seigneur, le Dieu des armées ! Tout l'univers est rempli de sa gloire. Que les Bienheureux le bénissent dans le Ciel ! Béni soit celui qui vient à nous sur la terre, Dieu et Seigneur comme celui qui l'envoie !

PENDANT LE CANON.—Je vous conjure, au nom de Jésus-Christ votre Fils et notre Seigneur, ô père infiniment miséricordieux ! d'avoir pour agréable et de bénir l'offrande que je vous présente, afin qu'il vous plaise conserver, défendre et gouverner votre sainte Église Catholique avec tous les membres qui la composent, le Pape, notre Évêque, notre Roi, et généralement tous ceux qui font profession de votre sainte foi.

Je vous recommande en particulier, Seigneur, ceux pour qui la justice, la reconnaissance et la charité m'obligent de prier ; tous ceux qui sont présens à cet adorable Sacrifice, et singulièrement *N.* et *N.* Et afin, grand Dieu, que mes hommages vous soient plus agréables, je m'unis à la glorieuse Marie toujours Vierge, Mère de notre Dieu et Seigneur Jésus-Christ, à tous vos Apôtres, à tous les bienheureux Martyrs, à tous les Saints et Saintes du Paradis.

Que n'ai-je en ce moment, ô mon Dieu ! les désirs enflammés avec lesquels les saints Patriarches souhaitaient la venue du Messie ! que n'ai-je leur foi et leur amour ? Venez, Seigneur Jésus, venez, aimable Rédempteur du monde, venez accomplir un mystère qui est l'abrégé de toutes vos merveilles. Il vient, cet Agneau de Dieu, voici l'adorable victime par qui tous les péchés du monde sont remis.

A L'ÉLÉVATION. — Verbe incarné, divin Jésus, vrai Dieu et vrai homme, je crois que vous êtes ici présent : je vous y adore avec humilité ; je vous aime de tout mon cœur ; et comme vous y venez pour l'amour de moi, je me consacre entièrement à vous.

J'adore ce sang précieux que vous avez répandu pour tous les hommes ; et j'espère, ô mon Dieu ! que vous ne l'aurez pas versé inutilement pour moi. Faites-moi la grâce de m'en appliquer les mérites. Je vous offre ma vie, aimable Jésus, en reconnaissance de cette charité infinie que vous avez eue de donner la vôtre pour l'amour de moi.

SUITE DU CANON. — Contemplez affectueusement votre Sauveur sur l'autel ; méditez les mystères qu'il y renouvelle ; unissez le sacrifice de votre cœur à celui de son Corps ; offrez-le à Dieu son Père, suppliez-le d'accepter les prières que ce cher Fils fait pour vous, et priez vous-même pour les autres.

Quelles seraient donc désormais ma malice et mon ingratitude, si, après avoir vu ce que je vois, je consentais à vous offenser ? Non, mon Dieu, je n'oublierai jamais ce que vous me représentez par cette auguste cérémonie : les souffrances de votre Passion, la gloire de votre Résurection, votre corps tout déchiré, votre sang répandu pour nous, est réellement présent à mes yeux sur cet autel.

C'est maintenant, éternelle Majesté, que je puis vous offrir véritablement et proprement la Victime pure, sainte et sans tache qu'il vous a plu de nous donner vous-même, et dont toutes les autres n'étaient que la figure. Oui, grand Dieu, j'ose vous le dire : il y a ici plus que tous les sacrifices d'Abel, d'Abraham et de Melchisédech, la seule Victime digne de votre autel,

Notre-Seigneur Jésus-Christ votre Fils, l'unique objet de vos éternelles complaisances.

Que tous ceux qui ont le bonheur de participer à cette Victime sacrée, soient remplis de sa bénédiction.

Que cette bénédiction se répande, ô mon Dieu ! sur les âmes des fidèles qui sont morts dans la paix de l'Eglise, et particulièrement sur l'âme de *N.* et de *N.* Accordez-leur, Seigneur, en vue de ce sacrifice, la délivrance entière de leurs peines.

Daignez m'accorder aussi un jour cette grâce à moi-même, Père infiniment bon ; et faites-moi entrer en société avec les saints Apôtres, les saints Martyrs et tous les Saints, afin qu'ensemble nous puissions vous aimer et glorifier éternellement avec eux.

AU PATER NOSTER. — Que je suis heureux, ô mon Dieu, de vous avoir pour Père ! que j'ai de joie de songer que le Ciel où vous êtes doit être un jour ma demeure ! Que votre saint Nom soit glorifié par toute la terre. Régnez absolument sur tous les cœurs et sur toutes les volontés. Accordez à vos enfans la nourriture spirituelle et corporelle. Nous pardonnons de bon cœur, pardonnez-nous. Soutenez-nous dans les tentations et dans les maux de cette misérable vie ; mais préservez-nous du péché, le plus grand de tous les maux. Ainsi soit-il.

A L'AGNUS DEI. — Agneau de Dieu qui avez bien voulu vous charger des péchés du monde, ayez pitié de moi. Victime adorable de mon salut, sauvez-moi. Divin et tout puissant médiateur, obtenez-moi la paix avec votre Père, avec moi-même et avec mon prochain.

A LA COMMUNION. — Pour communier spirituellement, renouvelez par un acte de foi le sentiment que vous avez de la présence de Jésus-Christ ; formez un acte de contrition ; excitez dans votre cœur un désir ardent de le recevoir avec le Prêtre ; priez-le qu'il agrée ce désir, et qu'il s'unisse à vous en vous communiquant ses grâces.

Qu'il me serait doux, ô mon aimable Sauveur! d'être du nombre de ces heureux chrétiens à qui la pureté de conscience et une tendre piété permettent d'approcher tous les jours de votre sainte Table!

Quel avantage pour moi, si je pouvais en ce moment vous posséder dans mon cœur, vous y rendre mes hommages, vous y exposer mes besoins, et participer aux grâces que vous faites à ceux qui vous reçoivent réellement! Mais, puisque j'en suis très-indigne, suppléez, ô mon Dieu! à l'indisposition de mon âme! Pardonnez-moi tous mes péchés; je les déteste de tout mon cœur, parce qu'ils vous déplaisent. Recevez le désir sincère que j'ai de m'unir à vous. Purifiez-moi d'un seul de vos regards, et mettez-moi en état de vous bien recevoir au plutôt.

En attendant cet heureux jour, je vous conjure, Seigneur, de me faire participant des fruits que la communion du prêtre doit produire sur tout le peuple fidèle qui y est présent. Augmentez ma foi par la vertu de ce divin Sacrement; fortifiez mon espérance, épurez en moi la charité; remplissez mon cœur de votre amour, afin qu'il ne respire plus que vous, et qu'il ne vive plus que pour vous.

AUX DERNIÈRES ORAISONS. — Vous venez, ô mon Dieu! de vous immoler pour mon salut! je veux me sacrifier pour votre gloire. Je suis votre victime, ne m'épargnez point. J'accepte de bon cœur toutes les croix qu'il vous plaira de m'envoyer, et je les bénis; je les reçois de votre main, et je les unis à la vôtre.

J'ai assisté, ô mon Sauveur! à votre divin Sacrifice, vous m'y avez comblé de vos faveurs. Je fuirai avec horreur les moindres taches du péché, surtout de celui où mon penchant m'entraîne avec plus de violence: je serai fidèle à votre loi, et je suis résolu de tout perdre et de tout souffrir plutôt que de la violer.

a la bénédiction. — Bénissez, ô mon Dieu ! ces saintes résolutions. Bénissez-nous tous par la main de votre Ministre, et que les effets de votre Bénédiction demeurent éternellement sur nous. Au nom du Père, et du Fils et du Saint-Esprit. Ainsi soit-il.

au dernier évangile — Verbe divin, Fils unique du Père, lumière du monde, venue du Ciel pour nous en montrer le chemin, ne permettez pas que je ressemble à ce peuple infidèle qui a refusé de vous reconnaître pour le Messie ; ne souffrez pas que je tombe dans le même aveuglement que ces malheureux, qui ont mieux aimé devenir esclaves de Satan, que d'avoir part à la glorieuse adoption d'enfans de Dieu que vous veniez leur procurer.

Verbe fait chair, je vous adore avec le respect le plus profond ; je mets toute ma confiance en vous seul, espérant fermement que, puisque vous êtes mon Dieu, et un Dieu qui s'est fait homme, afin de sauver les hommes, vous m'accorderez les grâces nécessaires pour me sanctifier et vous posséder éternellement dans le Ciel.

prière après la messe. — Seigneur, je vous remercie de la grâce que vous m'avez faite, en me permettant d'assister aujourd'hui au Sacrifice de la sainte Messe, préférablement à tant d'autres qui n'ont pas eu le même bonheur ; et je vous demande pardon de toutes les fautes que j'ai commises par la dissipation et la langueur où je me suis laissé aller en votre présence. Que votre Sacrifice, ô mon Dieu ! me purifie pour le passé, et me fortifie pour l'avenir.

Je vais présentement avec confiance aux occupations où votre volonté m'appelle. Je me souviendrai toute cette journée de la grâce que vous venez de me faire, et je tâcherai de ne laisser échapper aucune parole, aucune action ; de ne former aucun désir, aucune pensée, qui me fasse perdre le fruit de la messe que je viens d'entendre. C'est ce que je me propose, avec le secours de votre sainte grâce. Ainsi-soit-il.

VÊPRES DU DIMANCHE.

PSAUME 109.

Dixit Dominus Domino meo : * Sede à dextris meis.

Donec ponam inimicos tuos * scabellum pedum tuorum.

Virgam virtutis tuæ emittet Dominus ex Sion : * dominare in medio inimicorum tuorum.

Tecum principium in die virtutis tuæ, in splendoribus Sanctorum : * ex utero ante luciferum genuite.

Juravit Dominus, et non pœnitebit eum : * tu es Sacerdos in æternum secundùm ordinem Melchisedech.

Dominus à dextris tuis : * confregit in die iræ suæ reges.

Judicabit in nationibus, implebit ruinas : * conquassabit capita in terrâ multorum.

De torrente in viâ bibet : * proptereà exaltabit caput. Gloria Patri, etc.

PSAUME 110.

Confitebor tibi, Domine, in toto corde meo : * in concilio justorum et congregatione.

Magna opera Domini : * exquisita in omnes voluntates ejus.

Confessio et magnificentia opus ejus : * et justitia ejus manet in sæculum sæculi.

Memoriam fecit mirabilium suorum misericors et miserator Dominus. * escam dedit timentibus se.

Memor erit in seculum testamenti sui : * virtutem operum suorum annuntiabit populo suo.

Ut det illis hereditatem gentium : * opera manuum ejus veritas et judicium.

Fidelia omnia mandata ejus, confirmata in sæculum sæculi, * facta in veritate et æquitate.

Redemptionem misit populo suo : * mandavit in æternum testamentum suum.

Sanctum et terribile nomen ejus : * initium sapientiæ timor Domini.

Intellectus bonus omnibus facientibus eum : * laudatio ejus manet in sæculum sæculi.

Gloria patri, etc.

PSAUME 111.

Beatus vir qui timet Dominum : * in mandatis ejus volet nimis.

Potens in terrâ erit semen ejus : * generatio rectorum benedicetur.

Gloria et divitiæ in domo ejus, et justitia ejus manet in sæculum sæculi.

Exortum est in tenebris lumen rectis, * misericors, et miserator et justus.

Jucundus homo qui miseretur et commodat, disponet sermones suos in judicio : * quia in æternum non commovebitur.

In memoriâ æternâ erit justus ; ab auditione malâ non timebit.

Paratum cor ejus sperare in domino, confirmatum est cor ejus : * non commovebitur donec despiciat inimicos suos.

Dispersit, dedit pauperibus ; justitia ejus manet in sæculum sæculi : * cornu ejus exaltabitur in gloriâ.

Peccator videbit et irascetur, dentibus suis fremet et tabescet : * desiderium peccatorum peribit.

Gloria Patri, etc.

PSAUME 112.

Laudate, pueri, Dominum : * laudate nomen Domini.

Sit nomen Domini Benedictum, ex hoc nunc et usque in sæculum.

A solis ortu usque ad occasum, * laudabile nomen Domini.

Excelsus super omnes gentes Dominus, * et super cœlos gloria ejus.

Quis sicut Dominus Deus noster qui in altis habitat, * et humilia respicit in cœlo et in terrâ ?

Suscitans à terrâ inopem, * et de stercore erigens pauperem :

Ut collocet eum cum principibus, * cum principibus populi sui.

Qui habitare facit sterilem in domo * matrem filiorum lætantem.

Gloria Patri, etc.

PSAUME 113.

In exitu Israël de Ægypto, * domus Jacob de populo barbaro.

Facta est judæa sanctificatio ejus, * Israël potestas ejus.

Mare vidit et fugit, * Jordanis conversus est retrorsùm.

Montes exultaverunt ut arietes, * et colles sicut agni ovium.

Quid est tibi, mare, quod fugisti ? * et tu Jordanis, quia conversus es retrorsùm ?

Montes exultatis sicut arietes ? * et colles sicut agni ovium ?

A facie Domini mota est terra, * à facie Dei Jacob.

Qui convertit petram in stagna aquarum, * et rupem in fontes aquarum.

Non nobis, Domine, non nobis, * sed nomini tuo da gloriam.

Super misericordiâ tuâ et veritate tuâ, * nequandò dicant gentes : Ubi est Deus eorum ?

Deus autem noster in cœlo : * omnia quecumque voluit, fecit.

Simulacra gentium argentum et aurum; * opera manuum hominum.

Os habent, et non loquentur; * oculos habent, et non videbunt.

Aures habent, et non odient * ; nares habent, et non odorabunt.

Manus habent, et non palpabunt; pedes habent, et non ambulabunt; * non clamabunt in gutture suo.

Similes illis fiant qui faciunt ea, * et omnes qui confidunt in eis.

Domus Israël speravit in Domino : * adjutor eorum et protector eorum est.

Domus Aaron speravit in Domino, * adjutor eorum et protector eorum est.

Qui timent Dominum speraverunt in Domino : * adjutor eorum et protector eorum est.

Dominus memor fuit nostri, * et benedixit nobis.

Benedixit domui Israël, * benedixit domui Aaron.

Benedixit omnibus qui timet Dominum; * pusillis cum majoribus.

Adjiciat Dominus super vos, * super vos et super filios vestros.

Benedicti vos à Domino. * qui fecit cœlum et terram.

Cœlum cœli Domino ; * terram autem dedit filiis hominum.

Non mortui laudabunt te, Domine, * neque omnes qui descendunt in infernum.

Sed nos qui vivimus, benedicimus Domino, * ex hoc nunc et usque in sæculum. Gloria, etc.

CANTIQUE DE LA SAINTE VIERGE.

Magnificat * anima mea Dominum.

Et exultavit spiritus meus, * in Deo salutari meo;

Quia respexit humilitatem ancillæ suæ : * ecce enim ex hoc beatam me dicent omnes generationes.

Quia fecit mihi magna qui potens est, et sanctum nomen ejus.

Et misericordia ejus à progenie in progenies, * timentibus eum.

Fecit potentiam in brachio suo : * dispersit superbos mente cordis sui.

Deposuit potentes de sede, * et exaltavit humiles.

Esurientes implevit bonis, * et divites dimisit inanes.

Suscepit Israël puerum suum, * recordatus misericordiæ suæ.

Sicut locutus est ad patres nostros, * Abraham et semini ejus in sæcula. Gloria Patri, etc.

HYMNE DU SAINT SACREMENT.

Pange, lingua, gloriosi
Corporis mysterium,
Sanguinisque pretiosi,
Quem in mundi pretium,
Fructus ventris generosi,
Rex effudit gentium.

Nobis datus, nobis natus
Ex intactâ Virgine,
Et in mundo conversatus,
Sparso verbi semine,
Sui moras incolatus
Miro clausit ordine.

In supremæ nocte cœnæ
Recumbens cum fratribus,
Observatâ lege plenè,
Cibis in legalibus,
Cibum turbæ duodenæ
Se dat suis manibus.

Verbum caro, panem verum,
Verbo carnem efficit,
Fitque Sanguis Christi merum;
Et si sensus deficit,
Ad firmandum cor sincerum
Sola fides sufficit.

Tantum ergo sacramentum
Veneremur cernui,
Et antiquum documentum

Novo cedat ritui :
Præstet fides supplementum
Sensuum defectui.

 Genitori, Genitoque,
Laus et jubilatio;
Salus, honor, virtus quoque
Sit et benedictio :
Procedenti ab utroque
Compar sit laudatio. Amen.

  ℣. Panem de cœlo præstitisti illis.
  ℟. Omne delectamentum in se habentem.

HYMNE.

 Veni, Creator Spiritus,
Mentes tuorum visita,
Imple supernâ gratiâ
Quæ tu creâsti pectora.

 Qui Paracletus diceris,
Donum Dei altissimi,
Fons vivus, ignis, caritas,
Et spiritalis unctio.

 Tu septiformis munere,
Dextræ Dei tu digitus.
Tu ritè promissum Patris,
Sermone ditans guttura,

 Accende lumen sensibus,
Infunde amorem cordibus,
Infirma nostri corporis
Virtute firmans perpeti.

 Hostem repellas longiùs,
Pacemque dones protinùs,
Ductore sic te prævio
Vitemus omne noxium.

 Per te sciamus da Patrem
Noscamus atque Filium :
Te utriusque Spiritum
Credamus omni tempore.

Sit laus Patri, laus Filio;
Par sit tibi laus, Spiritus,
Afflante quo mentes sacris
Lucent et ardent ignibus.

Amen.

CANTIQUE.

Te Deum ! laudamus te, * te Dominum confitemur.

Te æternum Patrem * omnis terra veneratur.

Tibi omnes angeli, * tibi cœli et úniversæ potestates.

Tibi Cherubim et Seraphim * incessabili voce proclamant

Sanctus, Sanctus, Sanctus, Dominus, * Deus sabaoth.

Pleni sunt cœli et terra * majestatis gloriæ tuæ.

Te gloriosus * Apostolorum chorus.

Te prophetarum * laudabilis numerus.

Te martyrum candidatus laudat exercitus.

Te per orbem terrarum * sancta confitetur Ecclesia.

Patrem * immensæ majestatis.

Venerandum tuum verum * et unicum Filium.

Sanctum quoque paracletum Spiritum.

Tu rex gloriæ, Christe !

Tu Patris * sempiternus es Filius.

Tu ad liberandum suscepturus hominem ; non horruisti Virginis uterum.

Tu, devicto mortis aculeo : * aperuisti credentibus regna cœlorum.

Tu ad dexteram Dei sedes, * in gloria Patris.

Judex crederis, * esse venturus.

Te ergo, quæsumus, famulis tuis subveni, * quos pretioso sanguine tuo redemisti.

Æternâ fac * cum Sanctis tuis in gloriâ numerari.

Salvum fac populum tuum, Domine, * et benedic hæreditati tuæ.

Et rege eos, * et extolle illos usque in æternum.
Per singulos dies, * benedicamus te,
Et laudamus nomen suum in seculum, * et in seculum seculi.
Dignare, Domine, die isto : * sine peccato nos custodire.
Miserere nostrî, Domine, * miserere nostrî.
Fiat misecordia tua, Domine, super nos ; * quemadmodùm speravimus in te.
In te, Domine, speravi, * non confundar in æternum.

MAXIMES CHÉTIENNES.

SUR D'AMOUR DE DIEU

Tout pour Dieu et rien contre Dieu. Pour être à Dieu il n'est pas nécessaire d'avoir de grands talens, il suffit d'avoir un cœur et d'aimer. Le détachement des créatures est le seul chemin qui conduit à l'amour de Dieu. Si vous vous donnez à Dieu sans réserve, il se donnera à vous sans mesure. Ce qu'on fait pour le monde périt avec le monde ; mais ce qu'on fait pour Dieu durera toute l'éternité.

SUR LA FIDÉLITÉ A LA GRACE.

Celui qui est fidèle dans les petites choses, le sera aussi dans les grandes. Celui qui méprise les petites choses tombera peu à peu. Dieu ne met des bornes à ses grâces, que parce que nous en mettons à notre fidélité. Il faut profiter des grâces quand elles se présentent; elles disparaissent quelquefois pour toujours. Ce n'est pas assez de connaître ses devoirs; il faut avoir assez de courage pour les remplir. La méditation et la fréquente confession sont les deux gardiennes de la grâce. Quand Dieu nous appelle par sa grâce, quoi qu'il en coûte, il faut lui obéir.

SUR LA PRÉSENCE DE DIEU.

La pensée de la présence de Dieu fait trouver le paradis sur terre. Dieu est ici, Dieu m'entend, Dieu me voit. Pensez à Dieu dans toutes vos voies, et il conduira lui-même vos pas. Il y a dans Dieu un œil qui voit tout, une oreille qui entend tout, et une main qui écrit tout. Quelle satisfaction que d'être toujours avec le meilleur de ses amis : c'est l'avantage que procure la présence de Dieu.

SUR LA CRAINTE DE DIEU.

La crainte du Seigneur est le commencement de la sagesse. Celui pui craint Dieu, ne doit s'effrayer de rien. La crainte de Dieu est une source de paix. Ne cherchez rien tant qu'à aimer Dieu et à le servir : c'est là tout l'homme. Celui qui craint le Seigneur, sera heureux pendant sa vie, et béni à sa mort.

DE LA CONFIANCE EN DIEU.

La confiance en Dieu est la force et l'appui du chrétien. Le cœur le mieux gardé, est celui qui se confie le plus en Dieu. S'inquiéter, c'est oublier que Dieu a soin de nous. Rien ne manque à celui qui se confie en Dieu. Nous ne saurions faire un plus grand dépit au démon, que d'exciter notre confiance en Dieu après nos fautes. Dieu est plus grand en bonté que nous ne pouvons l'être de malice. Le découragement ne remédie a rien ; il est la ruine du salut. Pourquoi nous décourager sous prétexte que nous sommes souvent vaincus ? Le démon, quoique mille fois vaincu, se décourage-t-il.

MAXIMES SPIRITUELLES.

SUR LE RECUEILLEMENT.

Le recueillement est l'âme de la prière. La dissipation est l'ennemi de toutes les vertus. Une âme dissipé est aussi exposée qu'un trésor qui n'est pas gardé. Vivre dans une dissipation continuelle, c'est courir à la damnation.

SUR LA PRIÈRE.

La prière est la clef des trésors du ciel. Celui qui prie le Seigneur sans attention, renonce à l'espérance d'être exaucé. L'oraison est l'élément dans lequel un chrétien doit vivre et respier.

SUR LE RENONCEMENT A SOI-MÊME.

Le cœur le plus heureux est celui qui est le plus détaché de lui-même. On ne vit pour Dieu, que par une mort continuelle à soi-même. C'est pour notre malheur que notre cœur s'attache au monde. Savoir renoncer à soi-même, c'est la science la plus nécessaire au salut. Tout ce que nous donnons de notre cœur aux créatures, est un larcin que nous commettons envers Dieu.

SUR L'HUMILITÉ

Dieu résiste aux orgueilleux, et donne sa grâce aux humbles. L'humilité rend l'âme bien forte contre le démon. Ne dites pas qu'on vous humilie : on vous met seulement à votre place. La vanité dénote une bassesse d'esprit, ou un cœur gâté. Parer son corps, c'est oublier sa fin, la terre et les vers.

PRIÈRE POUR GAGNER L'INDULGENCE PLÉNIÈRE DE LA RETRAITE.

Malgré mon indignité que je ne puis ignorer, Seigneur, m'appuyant sur votre charité immense, et me conformant aux intentions du Père commun des fidèles, j'ose vous offrir mes humbles prières, et vous supplier par Jésus-Christ votre Fils, Père très-miséricordieux, de protéger singulièrement et d'exalter votre sainte Église Catholique, de la défendre contre ses ennemis visibles et invisibles, et de réunir tous les Princes et les Peuples Chrétiens par les liens de la paix et de la charité.

Regardez en pitié, ô mon Dieu ! tant de peuples

qui n'ont pas encore reçu la précieuse lumière de votre Evangile, où qui se sont séparés de l'Eglise Romaine par le schisme ou par l'hérésie. Arrêtez tous les efforts criminels des hérétiques connus ou cachés, confondez-les par la vertu toute-puissante de votre bras, ou plutôt convertissez-les par la douceur efficace de votre grâce. Inspirez toujours au Souverain Pontife, à notre Evêque, aux pasteurs des âmes et à tous les ouvriers Évangéliques, un zèle ardent pour votre gloire, une charité tendre pour les brebis que vous leur avez confiées, la science, la sagesse, la sainteté nécessaire pour éclairer et pour édifier tous les peuples. Daignez regarder favorablement ce Royaume que vous avez toujours protégé visiblement, détournez-en les fléaux de votre colère, conservez-y la foi et la religion dans toute sa pureté. Accordez-nous à nous-mêmes, ô Fils unique du Père Eternel ! en vue de vos mérites infinis et de votre bonté sans bornes, l'Indulgence et la rémission de tous nos péchés. Ainsi-soit-il.

MOYENS POUR ARRIVER A LA PERFECTION.

Persuadez-vous bien qu'entre tous les moyens créés qui peuvent conduire les âmes à la perfection, il n'y en a point de meilleur que le simple acquiescement en Dieu, et la simple attention à sa présence.

1. Dans la *conduite*, uniformité, droiture, modestie, prudence, douceur, fermeté.
2. Dans les *Conversations*, gaîté sans dissipation ; retenue dans les paroles ; oubli de soi ; peu d'avis.
3. Dans les *Fautes*, humble et sincère aveu ; douleur profonde sans abattement ; recours à Dieu ; abandon à sa miséricorde.
4. Dans l'*Usage des Sacremens*, pureté de cœur et d'intention, détachement des goûts sensibles, foi vive, ferveur pratique.

5. Avec Dieu, confiance filiale; étude amoureuse de ses volontés, attente paisible de ses momens; obéissance prompte, généreuse et sans réserve

6. Avec le *Prochain*, cordialité, prévenance, support, complaisance sans bassesse; déférence sans flatterie; condescendance sans respect humain.

7. Avec *soi-même*, justice exacte, abnégation effective et soutenue, patience à toute épreuve.

8. Pour son *Corps*, soin modéré, rigueur discrète, sobriété en tout.

9. Pour son *Imagination*, tranquillité inaltérable dans ses écarts, mépris de ses fantômes, diversion dans ses importunités.

10 Pour son *Esprit*, défiance sage de ses lumières, heureuse ignorance de son mérite, usage saint de ses talens.

11. Pour son *Cœur*, fidélité à en bannir toute espèce de trouble; vigilance sur tous ses mouvemens, sacrifice de tout ce qui s'oppose au bon plaisir de Dieu

12. *Vie de Foi*, c'est-à-dire, conformité entière avec Jésus-Christ dans les pensées, les sentimens, le langage, les œuvres, et dépendance de son esprit continuelle et en toutes choses.

Heureuse l'âme toujours fidèle à la pratique de ces moyens! Dieu se complaît en elle; elle jouit de Dieu; elle trouve tout en Dieu; elle s'assure l'éternelle possession de Dieu.

Pratique intérieure. Ne cessez d'éloigner de vous toutes les créatures jusqu'à ce que vous soyez seul avec Dieu.

CANTIQUES,

À L'USAGE

DES RETRAITES

ET DES MISSIONS.

POUR L'OUVERTURE D'UNE MISSION

OU D'UNE RETRAITE. (AIR ; N.º 2.)

1. UN Dieu vient se faire entendre ;
 Cher peuple, quelle faveur !
 A sa voix il faut vous rendre,
 Il demande votre cœur.
  Accourez, peuple fidèle,
 Venez à la Mission,
 Le Seigneur qui vous appelle,
 Veut votre conversion.

2. Dans l'état le plus horrible,
 Le péché vous a réduits ;
 Mais, à vos malheurs sensible,
 Vers vous Dieu nous a conduits.
  Accourez, etc.

3. Sur vous il fera reluire
 Une céleste clarté :
 Dans vos cœurs il va produire
 Le feu de la charité ;
  Accourez, etc.

4. Hélas ! trop long-temps le crime
Pour vous avait des attraits ;
Qu'un saint désir vous anime,
Renoncez-y pour jamais.
    Accourez, etc.

5. Loin de vous toute injustice
Et toute division ;
Que partout se rétablisse
La concorde et l'union.
    Accourez, etc.

6. Sans tarder changez de vie,
Sur vos maux pleurez, pécheurs ;
C'est Dieu qui vous en convie,
N'endurcissez pas vos cœurs.
    Accourez, etc.

7. Ah ! Seigneur ! qu'enfin se fasse
Ce précieux changement ;
Dans les cœurs, par votre grâce
Venez agir fortement.
    Accourez, etc.

8. Brisez, ô Dieu de clémence !
Leur coupable dureté ;
Qu'une sainte pénitence
Lave notre iniquité.
    Accourez, etc.

Pour une retraite on chantera le refrain ainsi qu'il suit.

    Accourez, à la Retraite,
Suivez la voix du Seigneur ;
Là, votre ame satisfaite
L'entendra parler au cœur.

SUR LA RETRAITE.

(AIRS : N.os 3 et 4.)

1. Plaisirs inouis,
 Paix la plus parfaite,
 Ce sont là tes fruits,
 Charmante retraite.
Monde, je romps tes liens,
Pour goûter de si grands biens.
2. C'est dans ce saint lieu
 Que le Ciel m'appelle.
 Pour plaire à mon Dieu
 J'y cours avec zèle ;
C'est là que mon Créateur
Veut s'assurer de mon cœur.
3. Quel ardent amour
 Vous fîtes paraître
 Pour ce beau séjour,
 Saint et divin Maître !
Le désert fit vos plaisirs,
Et remplit tous vos désirs.
4. Tous les bienheureux
 L'ont aimé de même.
 J'en ferai comme eux,
 Mon bonheur suprême :
Si l'on veut ne plus pécher,
Du monde il faut s'éloigner.
5. Mes besoins, mes maux,
 Me disent sans cesse :
 Va dans le repos

Chercher la sagesse ;
C'est dans le recueillement
Qu'on la trouve sûrement.
6.   Précieux séjour,
Aimable retraite,
Ici chaque jour,
Sans être distraite,
Mon ame, dans son Sauveur,
Trouve son parfait bonheur.
7.   Que de ses trésors
L'avare soit ivre,
Qu'à tous ses transports
Le mondain se livre :
Retiré dans ce saint lieu,
Je les plains, et bénis Dieu.
8.   De mon Créateur
J'y vois la puissance,
De mon Rédempteur
La douce clémence,
Et de mon juge irrité
La sévère autorité.
9.   Touché de mes pleurs,
Mon Dieu me pardonne,
De mille faveurs,
Sa main me couronne.
Quelle ineffable bonté !
Mon cœur en est transporté.
10.   Venez tous, pécheurs,
Venez aux retraites,
Goûter des douceurs
Pures et parfaites;
Venez laver dans vos pleurs
Vos crimes et vos erreurs.

CANTIQUE POUR LE JUBILÉ.

(AIR : N.° 74.)

1. Pontife Saint, ta voix noble et touchante
S'est fait entendre au loin dans l'univers,
Et du Sauveur l'épouse triomphante
Ouvre par toi tous ses trésors divers.

Ref. Pardon mon Dieu, désarme ta colère,
Reçois nos pleurs et notre repentir,
Vois à tes pieds la France tout entière :
En t'invoquant, nous ne pouvons périr.

2. L'Eglise en deuil, plaintive, désolée,
Ne cessait plus d'implorer son époux ;
Par les méchans, d'insultes accablée,
Devait-elle succomber sous leurs coups ?
Pardon, etc.

3. Mais, c'en est fait, je vois fuir la tempête,
Je vois briller l'aurore d'un beau jour :
Sainte Sion, pour toi quel jour de fête,
De tes enfans célèbre le retour.
Pardon, etc.

4. Sèche tes pleurs, mets un terme à ta plainte,
Non, non, tes murs ne seront plus déserts.
Déjà, la foule inonde ton enceinte,
Sous tes parvis j'entends mille concerts.
Pardon, etc.

5. O culte saint ! l'enfer en vain conspire
Pour diviser ce que tu réunis :
Du Dieu de paix tu rétablis l'empire,
La Foi triomphe, il n'est plus d'ennemis.
Pardon, etc.

6.   O Dieu d'amour ! notre unique espérance,
Jète sur nous un regard protecteur,
Entends nos vœux, ô Dieu plein de clémence,
Exauce-les, ils sont le cri du cœur !
    Pardon, etc.

7.   Fais de ta grâce éclater la puissance,
En ranimant la Justice et la Foi ;
On bénira ton saint nom dans la France,
Oui, pour toujours nous bénirons ta loi.
    Pardon, etc.

POUR L'EXERCICE DU MATIN.

(AIR : N.º 1.)

1. Au point du jour,
Pour ses bienfaits, l'Auteur de la nature
Nous demande un humble retour ;
Et le tribut de notre amour :
Offrons-lui donc une ame pure
    Au point du jour.   *bis.*

2. Au point du jour,
Je crois en toi, Dieu très-saint que j'adore :
Ta vérité règle ma foi.
Dieu tout-puissant accorde-moi
Un esprit soumis qui t'honore
    Au point du jour.   *bis.*

3. Au point du jour,
Entends mon cœur, il soupire, il espère,
Par Jésus son Fils, son Sauveur,
Te contempler, Dieu Créateur,
Dans l'éternité tout entière,
    Au point du jour.   *bis.*

4. Au point du jour,
Reçois, grand Dieu, l'offrande que mon ame
Et mon cœur te fait sans détour,
Tout embrasé de ton amour,
Et ranime sur-tout sa flamme
  Au point du jour. bis.

5. Au point du jour,
En contemplant les cieux et la campagne,
Avec les objets d'alentour,
Je pense au céleste séjour :
Que ta présence m'accompagne
  Pendant le jour. bis.

6. Au point du jour,
Formant mes vœux, ô Dieu saint ! tu m'enflamme :
Que les Français, pour être heureux,
Elevent leurs cœurs vers les Cieux ;
Repands ta grâce dans leurs ames
  Au point du jour. bis.

7. Du point du jour
Si l'on entend le sublime langage,
L'univers entier fait sa cour
Au Dieu que chantent tour à tour
Les oiseaux, lui rendant l'hommage,
  Du point du jour. bis.

8. Au point du jour
J'unis ma voix à la nature entière.
L'impie, indocile à tes lois,
A sa raison tout à la fois,
Seul te refuse sa prière
  Du point du jour. bis.

9. Du point du jour
A son déclin, l'homme prudent et sage,

En se reposant sur ton sein,
De ses travaux attend la fin,
Et pour toi son dernier hommage
Finit le jour.   *bis.*

OFFRANDE DE LA JOURNÉE.

(Air : N.º 32.)

1. O Dieu dont je tiens l'être,
Toi qui règles mon sort,
Seul arbitre, seul maître
De mes jours, de ma mort !
Je t'offre les prémices
Du jour qui luit sur moi,
Et veux, sous tes auspices,
Ne le donner qu'à toi.

2. Daigne, d'un œil propice,
En voir tous les instans ;
Que ta main en bannisse
Tous les dangers pressans :
Surtout, Dieu de clémence,
Qu'avec ton saint secours,
Nul crime, nulle offense
N'ose en ternir le cours.

3. Que ta bonté facile,
Qui voit tous nos besoins,
Rende, à tes yeux, utile
Mon travail et mes soins ;
Et que, suivant la trace
Que nous ouvrent les Saints,
Nos jours soient, par ta grâce,
Des jours purs et sereins.

LA SAINTE MESSE.

(AIR : N.º 108.)

Quel spectacle nouveau, quel espoir ravissant
A mes yeux attendris ce saint autel présente !
Mon Dieu, tu vois nos cœurs dans une vive attente.
Viens du ciel couronner le vœu le plus ardent. *bis.*

Ah ! nous désirons tous ce prix de ton amour ;
De ce don précieux, chef-d'œuvre de tendresse,
Près de mourir pour nous, tu nous fis la promesse,
Et depuis tu remplis ce serment chaque jour. *bis.*

Saint ministre, à l'autel tu me peins le Sauveur
A son père en courroux s'offrant en sacrifice :
L'autel comme la croix va nous être propice.
Qui peut donc refuser ses larmes et son cœur ? *bis.*

Enfans du roi des rois, si tendrement aimés,
Elevons vers Sion nos yeux baignés de larmes ;
Disons : Descends vers nous, ô Dieu si plein de
    charmes !
De toi seul, tu le sais, nos cœurs sont affamés. *bis.*

Pénétrons nos esprits d'un saint recueillement,
Le ciel vient de s'ouvrir, et Jésus va paraître.
Raison, faible raison, soumise à ton bon Maître,
Reconnais sa grandeur dans son abaissement. *bis.*

Cessons de soupirer, l'Agneau rempli d'appas
Du grand juge envers nous calme encor la colère ;
Son sang coule pour nous et nous rend notre père.
Quel amour, quel retour ne lui devons-nous pas ? *bis*

SUR LE SALUT.

(AIR : N.° 5.)

1. Nous n'avons à faire
 Que notre salut; *bis*
 C'est là notre but,
C'est là notre unique affaire.
 Nous serons heureux
 En cherchant les Cieux. *bis*

2. Notre ame immortelle
 Est faite pour Dieu, *bis*
 La terre est trop peu ;
Ou plutôt n'est rien pour elle ;
 Nous serons heureux
 En cherchant les Cieux. *bis*

3. Perte universelle !
 Perdre son Sauveur, *bis*
 Perdre son bonheur,
Perdre la vie éternelle !
 Afin d'être heureux,
 Nous cherchons les Cieux. *bis*

4. Prends pour toi la terre,
 Avare indigent; *bis*
 Pour l'or et l'argent
Entreprends procès et guerre.
 Pour nous plus heureux,
 Nous cherchons les Cieux. *bis*

5. Recherche, ame immonde,
 Selon tes désirs, *bis*
 Les biens, les plaisirs,

Et les honneurs de ce monde :
Pour nous plus heureux,
Nous cherchons les Cieux.   bis.

6. Poursuis la fumée
D'un bien passager,   bis.
Gagne un monde entier :
Quel gain si l'ame est damnée !
Pour nous plus heureux,
Nous cherchons les Cieux.   bis.

7. Nous cherchons la grâce,
Le reste n'est rien ;   bis.
Ce n'est pas un bien,
Dès-lors qu'il trompe et qu'il passe.
Afin d'être heureux,
Nous cherchons les Cieux.   bis.

8. Sa sainte influence
Ranime nos cœurs   bis.
Et les rends vainqueurs.
De l'infernale puissance ;
Pour nous plus heureux,
Nous cherchons les Cieux.   bis.

9. Point d'autre excellence
Que l'humilité.   bis.
Notre pauvreté
Fait toute notre abondance ;
L'objet de nos vœux,
C'est d'aller aux Cieux.   bis.

10. Notre savoir-faire
Est tout dans la Croix ;   bis.
Si nous sommes rois,
Ce n'est que sur le Calvaire ;
L'objet de nos vœux
C'est d'aller aux Cieux.   bis.

11. Nous cherchons la vie ;
　　　La gloire, la paix,　　　　　　　*bis.*
　　　Qui dure à jamais.
En avez-vous quelque envie ?
　　　Venez, suivez-nous,
　　　Et nous l'aurons tous.　　　　　 *bis.*

12. 　Allons par Marie,
　　　Allons à Jésus.　　　　　　　　*bis.*
　　　Qu'avons-nous de plus ?
C'est la gloire, c'est la vie ;
　　　Venez, suivez-nous,
　　　Et nous l'aurons tous.　　　　　 *bis.*

MÊME SUJET.
(AIR : N.º 101.)

1. Travaillez à votre salut :
Quand on le veut, il est facile ;
Chrétiens, n'ayez point d'autre but,
Sans lui tout devient inutile.
Sans le salut (*bis*), pensez-y bien,
Tout ne vous servira de rien.　　　　 *bis.*

2. Oh ! que l'on perd en se perdant !
On perd le céleste héritage ;
Au lieu d'un bonheur si charmant,
On a l'enfer pour son partage.
Sans le salut (*bis*), etc.　　　　　　 *bis.*

3. Que sert de gagner l'univers,
Si l'on vient à perdre son ame,
Et s'il faut, au fond des enfers,
Brûler dans l'éternelle flamme ?
　　Sans le salut (*bis*), etc.　　　　 *bis.*

4.   Rien n'est digne d'empressement,
Si ce n'est la vie éternelle ;
Le reste n'est qu'amusement ,
Tout n'est que pure bagatelle.
    Sans le salut (*bis.*), etc.   *bis.*

5.   C'est pour toute une éternité
Qu'on est heureux ou misérable ;
Que, devant cette vérité,
Tout ce qui passe est méprisable !
    Sans le salut (*bis*), etc.   *bis.*

6.   Grand Dieu ! que tant que nous vivrons
   Cette vérité nous pénètre !
Ah ! faites que nous nous sauvions,
A quelque prix que ce puisse être.
Sans le salut (*bis*), pensez-y bien,
   Tout ne vous servira de rien.   *bis.*

SUR LA MORT.

(AIR : N.º 6.)

1.   A la mort, à la mort
   Pécheur, tout finira ;
   Le Seigneur, à le mort ;
     Te jugera.

2.   Il faut mourir, il faut mourir,
De ce monde il nous faut sortir ;
Le triste arrêt en est porté ;
Il faut qu'il soit exécuté.
    A la mort, etc.

3.   Comme une fleur qui se flétrit,
   Ainsi bientôt l'homme périt ;

L' affreuse mort vient de ses jours
Dans peu de temps finir le cours.
    A la mort, etc.

4. Pécheurs, approchez du cercueil,
Venez confondre votre orgueil ;
Là, tout ce qu'on estime tant,
Est enfin réduit au néant.
    A la mort, etc.

5. Esclaves de la vanité,
Que deviendra votre beauté ?
Vos traits sans forme et sans couleur
Vous rendront un objet d'horreur.
    A la mort, etc.

6. Vous qui suivez tous vos désirs,
Qui vous plongez dans les plaisirs ,
Pour vous, quel affreux changement
La mort va faire en ce moment !
    A la mort, etc.

7. Plus de plaisir, plus de douceur,
Plus de pouvoir, plus de grandeur ;
Ces biens dont vous êtes jaloux
Vont tout-à-coup périr pour vous,
    A la mort, etc.

8. Adieu, famille adieu, parens,
Adieu, chers amis chers, enfans,
Votre cœur se désolera ;
Mais tout enfin vous quittera,
    A la mort, etc.

8. Ce moment doit bientôt venir ;
Mais on en fuit le souvenir ;
Et l'homme, sans réflexion,
Vit ainsi dans l'illusion.
    A la mort, etc.

10. S'il fallait subir votre arrêt,
　　Chrétiens, qui de vous serait prêt?
　　Combien, dont le funeste sort
　　Serait une éternelle mort!
　　　　A la mort, etc.

SUR LE JUGEMENT.

(AIR : N.º 7.)

1 Dieu va déployer sa puissance :
　　Le temps comme un songe s'enfuit...　　*Fin.*
Les siècles sont passés, l'éternité commence;
Le monde va rentrer dans l'horreur de la nuit.
　　Dieu va, etc.

2 J'entends la trompette effrayante;
　　Quel bruit, quels lugubres éclairs!
Le Seigneur a lancé sa foudre étincelante;
Et ses feux dévorans embrasent l'univers.
　　J'entends, etc.

3 Les monts foudroyés se renversent,
　　Les êtres sont tous confondus;
La mer ouvre son sein, les ondes se dispersent,
Tout est dans le chaos, et la terre n'est plus.
　　Les monts, etc.

4 Sortez des tombeaux, ô poussière!
　　Dépouille des pâles humains,
Le Seigneur vous appelle, il vous rend la lumière;
Il va sonder vos cœurs et fixer vos destins.
　　Sortez, etc.

5 Il vient... Tout est dans le silence;
　　Sa croix porte au loin la terreur,

Le pécheur consterné frémit en sa présence,
Et le juste lui-même est saisi de frayeur.
    Il vient, etc.
6. Assis sur un trône de gloire,
    Il dit : Venez, ô mes Elus !
Comme moi vous avez remporté la victoire ;
Recevez de mes mains le prix de vos vertus.
    Assis, etc.
7. Tombez dans le sein des abîmes,
    Tombez, pécheurs audacieux.
De mon juste couroux immortelles victimes ;
vils suppôts des démons, vous brûlerez comme eux.
    Tombez, etc.
8. Triste éternité de supplices,
    Tu vas donc commencer ton cours ;
De l'heureuse Sion, ineffables délices,
Bonheur, gloire des Saints, vous durerez toujours
    Triste éternité, etc.
9. Grand Dieu ! qui sera la victime
    De ton implacable fureur ?
Quel noir pressentiment me tourmente et m'opprime !
La crainte et les remords me déchirent le cœur.
    Grand Dieu ! etc.
10. De tes jugemens, Dieu sévère
    Pourrai-je subir les rigueurs ?
    J'ai péché, mais ton sang désarme ta colère,
J'ai péché, mais mon crime est noyé dans mes pleurs.
    De tes jugemens, etc.

SUR L'ENFER. (air : N.º 125.)

Les Vivans.

Malheureuses créatures,
Que le Dieu de l'univers,
Par d'éternelles tortures,
Punit au fond des enfers ;
  Dites-nous, dites-nous,
Quels tourmens endurez-vous ?

Les réprouvés.

Hé quoi ! faut-il vous instruire
De l'excès de nos douleurs ?
Faut-il nous-mêmes vous dire
Quelle est la fin des pécheurs ?
  Hélas ! hélas !
Mortels, ne nous suivez pas.

V. Parlez, hommes trop coupables,
Parlez, obstinés pécheurs,
Profanateurs détestables,
Apostats, blasphémateurs,
  Dites-nous, etc.

R. O quelle rude vengeance
S'exerce ici contre nous !
Quelle invincible puissance
Nous écrase de ses coups !
  Hélas ! etc.

V. Vains adorateurs du monde,
Où sont tous ces faux honneurs,
Et cette gloire qu'on fonde
Sur de trompeuses grandeurs ?
  Dites-nous, etc.

R. Ah ! cette gloire est passée
Comme un songe de la nuit,
Qui, trompant notre pensée,
A notre réveil s'enfuit.
    Hélas ! etc.

V. Que vous reste-t-il, avares,
De tant de biens amassés,
Et de tant de meubles rares
Dans vos maisons entassés ?
    Dites-nous, etc.

R. Une éternelle indigence
Est le déplorable fruit
Que notre avare opulence
Nous a pour jamais produit.
    Hélas ! etc.

V. Quelles sont, ames charnelles,
Les douleurs que vous sentez
Pour vos ardeurs criminelles,
Pour vos sales voluptés ?
    Dites-nous, etc.

R. Ah ! pour ces plaisirs infâmes
Qui n'ont duré qu'un moment,
Il faut, au milieu des flammes,
Brûler éternellement.
    Hélas ! etc.

V. Cœurs irréconciliables,
Infléxibles ennemis,
Par vos haines implacables
Où vous êtes-vous réduits !
    Dites-nous, etc.

R. Dans une rigueur extrême,
Hélas ! Dieu nous a jugés,

Sur nous se vengeant, de même
Que nous, nous sommes vengés.
 Hélas ! etc.
V. Dans ce gouffre épouvantable
Dans ce séjour plein d'horreur,
Dans l'enfer, où vous accable
Le courroux d'un Dieu vengeur,
 Dites-nous, etc.
R. Le tourment le plus terrible
N'est pas le tourment du feu ;
Il en est un plus horrible,
C'est de ne jamais voir Dieu.
 Hélas ! hélas !
Mortels, ne l'éprouvez pas.

SUR LA CONFESSION.

(AIR : N.º 102.)

1. O malheureux qui languissez
Dans la misère et l'abîme !
O vous ! pécheurs, qui gémissez
Sous le poids énorme du crime,
Voulez-vous recouvrer la paix
En recouvrant votre innocence ?
Venez confesser vos excès
Au trône de la Pénitence.

2. Si vous osez douter, mortels,
De la puissance de l'Eglise,
Ecoutez l'oracle du Ciel ;
Que votre ame lui soit soumise :
Sera délié dans les Cieux

Ce qu'elle absoudra sur la terre ;
Sans ce jugement précieux,
Redoutez le Dieu du tonnerre.

3. Voyez couler au Tribunal
Le sang de la sainte victime,
Qui doit lever l'arrêt fatal
Qu'avait encouru votre crime.
Voyez les anges s'empresser
A célébrer l'heureuse fête
Qui, dans les cieux, doit annoncer,
Votre retour et leur conquête.

4. Ne voyez dans le confesseur
Que le ministre de Dieu même,
Le ministre de sa douceur,
De sa miséricorde extrême ;
Comme le bon Samaritain,
Son cœur prendra part à vos peines,
Et votre Sauveur, par sa main,
Brisera vos pesantes chaînes.

5. Avec un cœur humble et contrit,
Avec une douleur amère,
Au Ministre de Jésus-Christ
Faites l'aveu plus sincère.
Dieu vous rendra son tendre amour,
Vos droits à la gloire immortelle,
Et pour vous du divin séjour
S'ouvrira la porte éternelle.

6. Mais si vous veniez sans douleur,
A ce tribunal redoutable,
Ah ! vous souilleriez votre cœur
D'un sacrilège abominable ;
Confessez bien tous vos péchés,
Car si vous déguisiez vos vices,

Ils vous seraient tous reprochés
Au jour terrible des justices.
7. Avez-vous le bien du prochain ?
Rendez-le au maître légitime ;
Arrachez l'œil, coupez la main,
Qui sont l'occasion du crime ;
Si vous avez des ennemis,
Pardonnez de toute votre ame ;
Qu'en pleurant vos péchés commis,
Pour Jésus votre cœur s'enflamme.
8. C'est alors que vous connaîtrez
Combien le Seigneur est aimable ;
Alors, pécheurs, vous trouverez
Son joug léger, doux, agréable :
Les croix, les soupirs, la ferveur,
Auront pour vous les plus doux charmes ;
Vous trouverez de la douceur
A répandre pour lui des larmes.

SUR LE CIEL.

(AIRS : N.ºs 8 et 140.)

1. Sainte cité, demeure permanente,
Sacré palais qu'habite le grand Roi ;
Où doit sans fin régner l'ame innocente,
Quoi de plus doux que de penser à toi ?
  O ma patrie !
  O mon bonheur !
  Toujours chérie,
  Sois le vœu de mon cœur.

2. Dans tes parvis tout n'est plus qu'allégresse ;
C'est un torrent des plus chastes plaisirs,
On ne ressent ni peine, ni tristesse,
On ne connaît ni plainte, ni soupirs.   bis.
   O ma patrie, etc.

3. Tes habitans ne craignent plus d'orage ;
Ils sont au port, ils y sont pour jamais ;
Un calme entier devient leur doux partage ;
Dieu dans leur cœur verse un fleuve de paix. bis.
   O ma patrie, etc.

4. De quel éclat ce Dieu les environne !
Ah ! je les vois tous brillans de clarté ;
Rien ne saurait y flétrir leur couronne ;
Leur vêtement est l'immortalité.   bis.
   O ma patrie, etc.

5. Pour les Elus il n'est plus d'inconstance,
Tout est soumis au joug du saint amour ;
L'affreux péché n'a plus là de puissance :
Tout bénit Dieu dans cet heureux séjour. bis.
   O ma patrie, etc.

6. Beauté divine, ô beauté ravissante ;
Tu fais l'objet du suprême bonheur :
O quand naîtra cette aurore brillante
Où nous pourrons contempler ta splendeur ! b.
   O ma patrie, etc.

7. Puisque Dieu seul est notre récompense,
Qu'il soit aussi la fin de nos travaux :
Dans cette vie un moment de souffrance
Mérite au Ciel un éternel repos !   bis.
   O ma patrie, etc.

SUR LE CIEL.

(AIR N.º 10.)

1. Qu'il a de charmes à mes yeux !
O Dieu, que doux est votre empire !
C'est lui pour qui mon cœur soupire ;
Tout autre objet m'est ennuyeux :
Loin de ce lieu plein d'allégresse, *bis*.
Je gémis (*bis*) et languis sans cesse.

2. Toujours dans la captivité,
C'est trop long-temps, ô ma patrie ;
Dans les fers mon ame asservie
N'aspire qu'à l'éternité. Loin, etc.

3. Jamais ils ne seront ôtés
Vos doux attraits de ma mémoire ;
Loin de vous, immortelle gloire,
Ah ! que nos jours sont traversés ! Loin, etc.

4. Vous calmerez tous mes soupirs,
Des biens parfaits source féconde,
Dans le sein d'une paix profonde,
Vous comblerez tous mes désirs. Loin, etc.

5. Tourmenté par tant de revers,
Serai-je toujours misérable !
Quand viendra-t-il ce jour aimable
Où vos trésors seront ouverts ? Loin, etc.

6. Je vous verrai céleste cour,
Vous ranimez mon espérance :
Des plaisirs l'heureuse abondance
Sera le prix de mon amour. Loin, etc

LA JEUNESSE DOIT SE CONSACRER

au Seigneur. (airs : N° 9, 10, 11 et 148.)

1.   Le temps de la jeunesse
Passe comme une fleur.
Hâtez-vous, le temps presse,
Donnez-vous au Seigneur.
Tout se change en délices
Quand on veut le servir :
Les plus grands sacrifices
Font les plus doux plaisirs.

2.   N'attendez pas cet âge
Où les hommes n'ont plus
Ni force, ni courage
Pour les grandes vertus.
C'est faire un sacrifice
Qui vous a peu coûté
Que de quitter le vice,
Lorsqu'il n'est plus goûté.

3.   Prévenez la vieillesse,
Cette triste saison,
Le temps de la jeunesse
Est un temps de moisson.
Le Seigneur nous menace
D'une fatale nuit,
Où, quoique l'homme fasse,
Il travaille sans fruit.

4.   Que de pleurs et de larmes
Il nous coûte au trépas,
Ce monde dont les charmes
Nous trompent ici-bas !

D'agréables prommesses
Il nous flatte d'abord ;
Par de fausses carresses
Il nous donne la mort.

5. Si le monde t'offense,
Méprise son courroux,
Dieu veut la préférence,
Il s'en montre jaloux.
Si sa bonté suprême
A pour nous tant d'ardeur.
Il faut l'aimer de même,
Sans partager son cœur.

6. Eussiez-vous en partage,
D'ici-bas l'or trompeur,
Serait-ce un avantage,
Sans l'amour du Seigneur ;
Quelle folie extrême
De gagner l'univers,
Et s'exposer soi-même
Aux tourmens des Enfers !

7. Quand plusieurs fois au crime
L'on ose consentir,
Hélas ! c'est un abîme
Dont on ne peut sortir :
Il n'est rien de plus rude
Que de se détacher
De la longue habitude
Qu'on s'est fait de pécher.

8. Pourquoi tant vous promettre
De vivre longuement ?
Demain sera peut-être
Votre dernier moment.

Craignons que de la grâce
Dieu ne change le cours ;
Qu'un autre à notre place
Ne soit mis pour toujours.

✶✶✶✶✶✶✶✶✶✶✶✶✶✶✶✶✶✶✶✶✶✶✶✶✶✶

MÊME SUJET., (AIR : N° 12.)

1. Heureux qui, dès son enfance,
Soumis aux lois du Seigneur,
N'a pas, avec l'innocence,
Perdu la paix de son cœur !
Chéri de celui qu'il adore,
Son bonheur le suit en tous lieux ;
Que peut-il désirer encore,
Quand il se voit l'ami d'un Dieu ?
Ref. Heureux qui, etc.

2. En vain la fortune couronne
Du pécheur les moindres désirs ;
Le remords cruel empoisonne
Les plus vantés de ses plaisirs. *Refr.*

3. Qui se laisse prendre à tes charmes,
Trop séduisante volupté,
Payera bientôt de ses larmes
Le plaisir qu'il aura goûté. *Refr.*

4. Le moment d'une folle ivresse
Fait place à celui des regrets ;
Ce bonheur qu'il poursuit sans cesse,
Le mondain ne l'aura jamais. *Refr.*

5. Seigneur, de ma tranquille vie
Rien ne saurait troubler le cours ;
La paix ne peut être ravie
A qui veut vous aimer toujours. *Refr.*

6. Le monde étale sa richesse,
Et ses bien ne m'ont point tenté ;
J'ai le trésor de la sagesse
Dans le sein de la pauvreté. *Refrain.*

7. La croix où mon Jésus expire
Change mes peines en douceurs :
Si quelquefois mon cœur soupire,
C'est que je songe à ses douleurs. *Refr.*

8. L'espoir d'une gloire immortelle
Et d'un bonheur toujours nouveau
Sème de fleurs, pour le fidèle,
Les bords si tristes du tombeau. *Refr.*

9. Mon Dieu, j'y descendrai sans crainte,
Espérant, des bras de la mort,
Voler vers ta demeure sainte,
En chantant dans un doux transport :
Heureux, etc.

DEVOIRS ENVERS LES PARENS.

(Air : N.° 105.)

1. Grand Dieu ! quelle loi salutaire
Vous gravez au fond de mon cœur !
Honore, dites-vous, Seigneur,
Et chéris ton père et ta mère :
Accomplir ce devoir touchant,
Pour mon cœur (*bis.*) est un doux penchant.

2. Votre loi m'engage et me presse :
Elle promet un sort heureux,
Des jours sereins, des jours nombreux
Pour prix de ma juste tendresse.
Accomplir, etc.

3. Eh ! sans aucune récompense,
Pour suivre une si douce loi,
Je songe à ce qu'ont fait pour moi
Les deux auteurs de ma naissance.
Accomplir, etc.

4. Quand, par ses soins, ma tendre mère
Cent fois eut sauvé mon berceau,
Chaque jour un bienfait nouveau
Montrait près de moi mon bon père.
Envers eux ce devoir touchant
Pour mon cœur (*bis*.) est un doux penchant.

5. Ah ! qu'il plaisait à mon enfance,
De la vertu le doux accent !
Ils disaient en me caressant :
Rien n'est beau comme l'innocence.
Envers eux, etc.

6. Seigneur, que toujours je les aime,
Mais d'un amour respectueux,
Leur pouvoir est majestueux,
Et leur autorité suprême.
Qu'envers eux un devoir touchant,
Soit toujours mon plus doux penchant.

7. Loin, loin de moi le *toi* farouche,
Sot emblème d'égalité ;
Ce mot justement détesté,
Jamais ne souillera ma bouche.
Pour remplir un devoir touchant
J'eus toujours un trop doux penchant.

8. Sur les pas du divin modèle,
Marchons, chers enfans, dès ce jour,
A Bethléem obscur séjour,
Voyez-le à ses parens fidèle.

Vous imiter, Jésus enfant,
Est pour nous le plus doux penchant.

9. Trente ans dans ce modeste asile,
Je vous vois obéir toujours
Aux saints protecteurs de vos jours :
Pourrais-je être encor indocile ?
Vous imiter, Jésus enfant,
Ce sera mon plus doux penchant.

VANITÉ DES CHOSES DU MONDE.

(Air : N.° 13.)

1. Tout n'est que vanité,
Mensonge, fragilité,
Dans tous ces objets divers
Qu'offre à nos regards l'univers :
Tout ces brillans dehors,
Cette pompe,
Ces biens, ces trésors,
Tout nous trompe,
Tous nous éblouit,
Mais tout nous échappe et nous fuit.

2. Telles qu'on voit les fleurs,
Avec leurs vives couleurs,
Eclore, s'épanouir,
Se faner, tomber et périr,
Tel est des vains attraits
Le partage ;
Tel l'éclat, les traits
Du bel âge
Après quelques jours,
Perdent leur beauté pour toujours.

3. En vain, pour être heureux,
Le jeune voluptueux
Se plonge dans les douceurs
Qu'offrent les mondains séducteurs :
Plus il suit les plaisirs
Qui l'enchantent,
Et moins ses désirs
Se contentent ;
Le bonheur le fuit
A mesure qu'il le poursuit.

4. Que doivent devenir,
Pour l'homme qui doit mourir,
Ces biens long-temps ramassés.
Cet argent, cet or entassés,
Fût-il du genre humain
Seul le maître,
Pour lui tout enfin
Cesse d'être ;
Au jour de son deuil
Il n'a plus pour lui qu'un cercueil.

5. J'ai vu l'impie heureux,
Porter son air fastueux
Et son front audacieux
Au-dessus du cèdre orgueilleux ;
Au loin tout révérait
Sa puissance
Et tout adorait
Sa présence ;
Je passe, et soudain
Il n'est plus ; je le cherche en vain.

6. Au savant orgueilleux
Que sert un génie heureux,
Un nom devenu fameux
Par mille travaux glorieux.
Non, les plus beaux talens,
L'éloquence,
Les succès brillans,
La science,
Ne servent de rien
A qui ne sait vivre en Chrétien.

7. Arbitre des humains,
Dieu seul tient entre ses mains
Les évenemens divers
Et le sort de tout l'univers ;
Seul, il n'a qu'à parler ;
Et la foudre
Va frapper, brûler,
Mettre en poudre
Les plus grands héros,
Comme les plus vils vermissaux.

8. La mort, dans son courroux.
Dispense à son gré ses coups,
Et l'homme ne fut jamais
A l'abri d'un seul de ses traits,
Sur son triste retour
La vieillesse,
Dans son plus beau jour
La jeunesse,
L'enfance au berceau
Trouvent tour à tour leur tombeau.

9. Oh ! combien malheureux
Est l'homme présomptueux,

Qui dans ce monde trompeur,
Croit pouvoir trouver son bonheur :
Dieu seul est immortel,
Immuable,
Seul grand, éternel,
Seul aimable.
Avec son secours,
Donnons-nous à lui pour toujours.

LE PÉCHÉ.

(air : N.º 14.)

1. Mon Dieu, mon cœur touché
D'avoir péché
Demande grâce.
Joins à tous tes bienfaits
L'oubli de mes forfaits ;
Je n'ose plus du ciel contempler la surface.
Refr. Pardon, mon Dieu, pardon,
Mon Dieu, pardon.
N'es-tu pas un Dieu bon ?
Mon Dieu, pardon ;
N'es-tu pas un Dieu bon ?

2. Ah ! dans cette saison
Où ma raison
Devait te suivre,
J'errais des jours entiers
Dans de honteux sentiers,
Comment à mes malheurs m'as-tu laissé survivre ?

3. Tu me disais souvent :
Viens mon enfant,

Ma voix t'appelle ;
J'allais à mes plaisirs
Au gré de mes désirs ;
Et tu pus si long-temps souffrir un fils rebelle.

4. Je pouvais bien périr
Sans recourir
A ta clémence.
J'allais traîner mes fers
Dans le fond des enfers ;
Comment porter alors le poids de ta vengeance ?

5. Etant si sensuel,
D'un feu cruel
Souffrir la peine !
Formé pour le bonheur.
Gémir dans la douleur,
Et d'un Dieu courroucé porter toujours la haine ?

6. Mon Dieu, toujours gémir,
Jamais jouir
De ta présence :
N'avoir aucun espoir
D'aller enfin te voir ;
Comment souffrir l'ennui d'une éternelle absence ?

7. Condamné par ta loi,
Privé de toi
Par ma malice,
Coupable infortuné,
Pourquoi serais-je né ?
Fais taire à mon égard les droits de ta justice.

8. Plus juste désormais,
Et pour jamais
Brebis fidèle,

Je vivrai dans les pleurs
Dans les saintes rigueurs,
Heureux si je parviens à la gloire immortelle !

CORRUPTION DU MONDE.

(AIR : N.º 15.)

1. Viens nous tirer de cet abîme,
Seigneur, ou nous sommes perdus :
La terre est l'empire du crime :
On n'y cherche des Saints et l'on en trouve plus.
Refr. Dieu tout-puissant, Dieu de nos pères, (*bis*).
Ecoute nos cris gémissans,
Et vois l'excès de nos misères ;
Pardon (*bis*), nous sommes tes enfans. *bis.*

2. Temps déplorable où nous sommes,
Jours d'erreurs et d'iniquités !
Oui, mon Dieu, les enfans des hommes
Ont partout altéré tes saintes vérités. *Refr.*

3. On n'entend que d'affreux systèmes,
Destructeurs de ta sainte loi ;
L'impie a vomi ses blasphèmes,
Et voudrait par leur souffle anéantir ta foi. *Refr.*

4. J'entends les cris de l'innocence,
Je me lève, dit le Seigneur ;
De la vertu dans l'indigence
Il est temps de finir l'opprobre et le malheur. *Refr.*

5. C'est à son aide que je vole,
Il l'a dit ; ne craignons plus rien ;
L'or est moins pur que sa parole :
Du pupille opprimé son bras est le soutien. *Refr.*

6. Tandis que dans leur folle ivresse
 Son courroux laisse les humains,
 Rendons hommage à sa sagesse,
Qui souvent à nos yeux dérobe ses desseins. *Refr.*

INVITATION AU PECHEUR.

(AIR : N.º 16.)

1. Reviens, pécheur, à ton Dieu qui t'appelle,
 Viens au plus tôt te mettre sous sa loi ;
 Tu n'as été déjà que trop rebelle,
 Reviens à lui, puisqu'il revient à toi.

2. Dans tes écarts sa voix se fait entendre,
 Sans se lasser partout il te poursuit,
 Du bon pasteur, du père le plus tendre,
 Il a le cœur, ton cœur ingrat le fuit.

3. Attraits, frayeurs, remords, secret langage,
 Rien n'échappait à son amour constant ;
 A-t-il pour toi dû faire davantage ?
 A-t-il pour toi dû même faire autant ?

4. Il fut toujours pour toi plein de clémence,
 Ton méchant cœur s'en prévaut chaque jour ;
 Plus de rigueur vaincrait ta résistance,
 Tu l'aimerais s'il avait moins d'amour.

5. Marche au grand jour que t'offre sa lumière,
 A sa faveur tu peux faire le bien ;
 La nuit bientôt finira ta carrière,
 Funeste nuit où l'on ne peut plus rien.

6. Ta courte vie est un songe qui passe,
 Et de ta mort le jour est incertain,

Si l'éternel veut te donner sa grâce,
Te promit-il jamais le lendemain ?

7. Non ! le ciel doit te combler de délices,
Si la vertu te suit à ton trépas ;
Ou bien l'enfer t'ouvrir ses précipices,
Si c'est le crime : et tu n'y penses pas.

RETOUR DU PÉCHEUR (Air : N.º 15.)

1. Voici, Seigneur, cette brebis errante
Que vous daignez chercher depuis long-temps ;
Touché, confus d'une si longue attente,
Sans plus tarder, je reviens, je me rends. *bis.*

2. Errant, perdu, je cherchais un asile,
Je m'efforçais de vivre sans effroi,
Mais, ô mon Dieu, pouvais-je être tranquille,
Si loin de vous, et vous si loin de moi ?

3. Je me repens de ma faute passée
Contre le ciel, contre vous j'ai péché ;
Mais, oubliez ma conduite insensée,
Et ne voyez en moi qu'un cœur touché.

4. Quand sous vos yeux, grand Dieu je considère
Toute l'horreur de tant d'excès commis,
Comment oser vous appeler mon père ?
Comment oser me dire votre fils ?

5. Dieu de nos cœurs, principe de tout être,
Unique objet qui pouvez nous charmer,
Que j'ai long-temps vécu sans vous connaître !
Que j'ai long-temps vécu sans vous aimer,

6. Votre bonté surpasse ma malice,
Pardonnez-moi ce long égarement ;

Je le déteste, il fait tout mon supplice ;
Et pour vous seul j'en pleure amèrement.
7.   Je ne vois rien que mon cœur ne défie :
Malheurs, tourmens, biens, charmes les plus doux ;
Non, fallût-il cent fois perdre la vie,
Rien ne pourra me séparer de vous.

REMORDS DU PÉCHEUR (Air : N.º 17.)

1. Comment goûter quelque repos
Dans les tourmens d'un cœur coupable ?
Loin de vous, ô Dieu tout aimable !
Tous les biens ne sont que des maux.
J'ai fui la maison de mon Père,
A la voix d'un monde enchanté :
Il promet la félicité ;
Mais il n'enfante que misère.   *bis.*

2. Vois, me disait-il, vois le temps
Emporter ta belle jeunesse ;
Tu cueilles l'épine qui blesse,
Au lieu des roses du printemps.
Le perfide pour ma ruine,
Cachait l'épine sous les fleurs ;
Mais vous, ô Dieu plein de douceur !
Vous cachez les fleurs sous l'épine.   *bis.*

3. Créateur justement jaloux,
Ah ! voyez ma douleur profonde ;
Ce que j'ai souffert pour le monde,
Si je l'avais souffert pour vous....!
J'ai poursuivi, dans les alarmes,
Le fantôme des vains désirs.

Ah ! j'ai semé dans les plaisirs ;
Et je moissonne dans les larmes.　　bis.

4. Qui me rendra de la vertu
Les douces, les heureuses chaînes,
Mon cœur, sous les poids de ses peines,
Succombe et languit abattu.
J'espérais, ô triste folie !
Vivre tranquille et criminel,
J'oubliais l'oracle éternel :
Il n'est point de paix pour l'impie.　　bis.

5. De mon abîme, ô Dieu clément !
J'ose t'adresser ma prière.
Cessas-tu donc d'être mon Père,
Si je fus un indigne enfant !
Hélas ! le lever de l'aurore
Aux pleurs trouve mes yeux ouverts,
Et la nuit couvre l'univers,
Que mon âme gémit encore.　　b

- - - - - - - - - ◊ - - - - - - - - -

REGRETS DU PÉCHEUR.

(AIRS : N.ᵒˢ 80 et 126.)

1. A tes pieds, Dieu que j'adore,
Ramené par mes malheurs
Tu vois mon cœur qui déplore
Ses écarts et ses erreurs.
Seigneur ! Seigneur !
Ah ! reçois, reçois encore　　} bis.
Mes soupirs et ma douleur
Seigneur, etc.

2. Si mon crime, qui te blesse,
Sollicite ton courroux,
La clémence, ô Dieu ! te presse
De me sauver de tes coups.
Seigneur ! Seigneur !
J'attends tout de ta tendresse, } bis.
Désarme ton bras vengeur.
　　Seigneur, etc.

3. Israël, jadis coupable,
Pleure ses égaremens ;
Bientôt ta main secourable
En suspend les châtimens.
Seigneur ! Seigneur !
Jette un regard favorable } bis.
Sur ce malheureux pécheur.
　　Seigneur, etc.

4. Je ne puis rien sans ta grâce ;
Daigne donc me secourir ;
Seul, j'ai causé ma disgrâce,
Seul, je ne puis revenir.
Seigneur ! Seigneur !
L'espoir enfin a fait place } bis.
A ma trop juste frayeur,
　　Seigneur, etc.

5. Mes soupirs sont ton ouvrage ;
Puisse mon cœur malheureux
Te venger de mon outrage
Et de mes coupables feux !
　　Seigneur ! Seigneur !
Que mon cœur, long-temps volage,
N'aime plus que sa douleur !
Seigneur ! Seigneur !

Que mon cœur long-temps volage,
N'aime plus que sa douleur.

PRIÈRES DU PÉCHEUR PÉNITENT.

(AIR : N.° 18.)

1. De ce profond, de cet affreux abîme
Où je me suis aveuglément jeté,
Le cœur brisé du regret de mon crime,
J'ose implorer, Seigneur, votre bonté. *bis.*

2. Prêtez l'oreille à l'ardente prière,
Voyez les pleurs d'un enfant malheureux :
Quoique pécheur, il voit dans vous un père;
Pouvez-vous être insensible à ses vœux ?

3. Si vous voulez, sans user de clémence,
Compter, peser tous nos déréglemens
Ah ! qui pourra, malgré son innocence,
Se rassurer contre vos jugemens ?

4. Mais vous aimez à vous rendre propice,
Et votre bras toujours lent à punir,
Se plait à voir désarmer sa justice :
Heureux celui qui sait la prévenir !

5. Cette bonté dans mes maux me console;
Et quoiqu'il plaise au Seigneur d'ordonner,
Je souffre en paix sur sa sainte parole :
Quand il me frappe, il veut me pardonner.

6. Ah ! qu'Israël en Dieu toujours espère,
Qu'il en réclame avec foi le secours ;
Ce Dieu puissant, son défenseur, son père,
Dans ses dangers le protége toujours. *bis.*

7. Entre les bras de sa miséricorde,
   Avec tendresse il reçoit les pécheurs ;
   Et son amour au pardon qu'il accorde,
   Ajoute encor les plus grandes faveurs. *bis.*

8. Peuple autrefois l'objet de sa vengeance !
   Ne gémis plus sur ta captivité ;
   Bientôt il va briser, dans sa clémence,
   Tous les liens de ton iniquité. *bis.*

LE PÉCHEUR INVOQUE LA MISÉRICORDE DE DIEU. (AIR : N.° 19.)

1. Seigneur, Dieu de clémence,
   Reçois ce grand pécheur,
   A qui la pénitence
   Touche aujourd'hui le cœur ;
   Vois d'un œil secourable
   L'excès de son malheur,
   Et d'un cœur trop coupable
   Accepte la douleur.

2. Je suis un infidèle
   Qui méconnus tes lois ;
   Un perfide, un rebelle,
   Qui péchai mille fois,
   Jamais dans l'innocence
   Je n'ai coulé mes jours ;
   Toujours plus d'une offense
   En a terni le cours.

3. Chargé de mille crimes,
   Souvent j'ai mérité

D'entrer dans les abîmes,
Pour une éternité.
J'ai peu craint la colère
De ton bras irrité ;
Mais cependant j'espère,
Seigneur, en ta bonté,

4. Lorsqu'à ton indulgence
Un coupable a recours,
Des trais de ta vengeance
Ton cœur suspend le cours.
Rempli de confiance,
J'ose venir à toi :
Au nom de ta clémence,
Grand Dieu, pardonne-moi.

5. Ah ! quand je me rappelle
Combien je fus pécheur,
Une douleur mortelle
S'empare de mon cœur.
Par quel malheur extrême,
Ai-je offensé souvent
Un Dieu, la bonté même,
Un Dieu si bienfaisant ?

6. Fuis loin, péché funeste,
Dont je fus trop charmé ;
Péché que je déteste
Et que j'ai trop aimé,
O Dieu bon ! ô bon père !
Tu vois mon repentir ;
Avant de te déplaire,
Plutôt, plutôt mourir.

7. C'est fait, je le proteste,
Plus de péché pour moi ;

Le Ciel que j'en atteste,
Garantira ma foi.
Le Dieu qui me pardonne
Aura tout mon Amour !
A lui seul je me donne
Sans borne et retour.

MÊME SUJET. (AIR : N°. 20)

1. Grâce, grâce, suspend l'arrêt de tes vengeances,
Et détourne un moment tes regards irrités ;
J'ai péché, mais je pleure ; oppose à mes offenses,
Oppose, à leur grandeur celle de tes bontés. *bis.*

2. Je sais tous mes forfaits, j'en connais l'étendue :
En tous lieux, à toute heure, ils parlent contre moi.
Par tant d'accusateurs mon âme confondue
Ne prétend pas contre eux disputer devant toi. *bis.*

3. Tu m'avais par la main conduit dès ma naissance,
Sur ma faiblesse, en vain, je voudrais m'excuser ;
Tu m'avais fait, Seigneur, goûter ta connaissance,
Mais, hélas ! de tes dons je n'ai fait qu'abuser. *bis.*

4. De tant d'iniquités la foule m'environne :
Fils ingrat, cœur perfide, en proie à mes remords,
La terreur me saisit, je frémis, je frissonne ;
Pâle et les yeux éteints, je descends chez les morts. *b.*

5. Ma voix sort du tombeau ; c'est du fond de
l'abîme
Que j'élève vers toi mes douloureux accens ;
Fais monter jusqu'au pied de ton trône sublime
Cette mourante voix et ces cris languissans. *bis.*

6. O mon Dieu! quoi! ce nom, je le prononce encore!
Non, non, je t'ai perdu; j'ai cessé de t'aimer.
O Juge qu'en tremblant je supplie et j'adore!
Grand Dieu! d'un nom plus doux je n'ose te nommer. *bis.*

7. Dans les gémissemens, l'amertume et les larmes
Je repasse des jours perdus dans les plaisirs;
Et voilà tout le fruit de ces jours pleins de charmes:
Un souvenir affreux, la honte et les soupirs. *bis.*

8. Ces soupirs devant toi sont ma seule défense;
Par eux un criminel espère t'attendrir.
N'as-tu pas un trésor de grâce et de clémence!
Dieu de miséricorde, il est temps de l'ouvrir. *bis.*

9. Je me jette à tes pieds, ô croix, chaire sublime,
D'où l'homme de douleurs instruit tout l'univers;
Saint autel où l'amour embrâse la victime,
Arbre où mon Rédempteur a suspendu mes fers. *b.*

10. Drapeau du souverain qui marche à notre tête,
Tribunal de mon juge et trône de mon roi;
Char du triomphateur dont je suis la conquête,
Lit où j'ai pris naissance, il faut mourir sur toi. *bis.*

SENTIMENS DE CONTRITION,

(AIR : N.° 21.)

1. Hélas!
    Quelle douleur
    Remplit mon cœur,

Fait couler mes larmes
Hélas !
Quelle douleur
Remplit mon cœur
De crainte et d'horreur ?
Autrefois
Seigneur, sans alarmes,
De tes lois
Je goûtais les charmes ;
Hélas !
Vœux superflus,
Beaux jours perdus,
Vous ne serez plus !!!

2. La mort
Déjà me suit ;
O triste nuit !
Déjà je succombe ;
La mort
Déjà me suit ;
Le monde fuit ;
Tout s'évanouit.
Je la vois
Entr'ouvrant ma tombe,
Et sa voix
M'appelle, et j'y tombe.
O mort !
Cruelle mort !
Si jeune encor !
Quel funeste sort !

3. Frémis,
Ingrat pécheur ;
Un Dieu vengeur,

D'un regard sévère,
Frémis,
Ingrat pécheur
Un Dieu vengeur
Va sonder ton cœur.
Malheureux !
Entends son tonnerre ;
Si tu peux,
Soutiens sa colère,
Frémis !
Seul aujourd'hui,
Sans nul appui
Parais devant lui.

4. Grand Dieu !
Quel jour affreux
Luit à mes yeux !
Quel horrible abîme,
Grand Dieu !
Quel jour affreux
Luit à mes yeux !
Quels lugubres feux !
Oui l'enfer,
Vengeur de mon crime,
Est ouvert,
Attend sa victime.
Grand Dieu !
Quel avenir !
Pleurer, gémir,
Toujours te haïr !

5. Beau Ciel !
Je t'ai perdu ;
Je t'ai vendu

Par de vains caprices.
   Beau ciel !
Je t'ai perdu ;
 Je t'ai vendu :
Regret superflu !
  Loin de toi,
Toutes les délices
Sont pour moi
De nouveaux supplices.
   Beau ciel,
  Toi que j'aimais,
  Qui me charmais,
Ne te voir jamais !...

6.   O vous,
  Amis pieux,
   Toujours joyeux !
Et pleins d'espérance !
   O vous,
  Amis pieux,
  Toujours joyeux !
Moi seul malheureux !
   J'ai voulu
Sortir de l'enfance ;
   J'ai perdu
L'aimable innocence.
   O vous,
Du Ciel un jour
Heureuse Cour !
Adieu, sans retour.

7.   Non, non,
 C'est une erreur ;
Dans mon malheur

Hélas ! je m'oublie.
Non, non,
C'est une erreur.
Dans mon malheur,
Je trouve un sauveur.
Il m'entend,
Me réconcilie :
Dans son sang
Je reprends la vie.
Non, non,
Je l'aime encor,
Et le remords
A changé mon sort.

8.   Jésus !
Manne des Cieux,
Pain des heureux,
Mon cœur te réclame,
Jésus !
Manne des cieux,
Pain des heureux,
Viens combler mes vœux,
Désormais,
Ta divine flamme
Pour jamais
Embrase mon âme.
Jésus !
O mon Sauveur !
Fait de mon cœur
L'éternel bonheur.

AMENDE HONORABLE

A J.-C. OUTRAGÉ DANS SES TEMPLES. (AIR : N.º 85.)

1. Soupirons, gémissons, pleurons amèrement;
On délaisse Jésus au Très-St.-Sacrement;
On l'oublie: ô douleur! on l'insulte, on l'outrage;
Vous du moins qui l'aimez, venez lui rendre hommage.

2. Vit-on jamais, grand Dieu, de siècles plus pervers?
Les théâtres sont pleins, vos temples sont déserts.
D'adorateurs zélés, à peine un petit nombre
Des chrétiens nos aïeux nous retrace quelqu'ombre

3. Pourquoi donc parmi nous fixer votre séjour ?
Pourquoi ne nous donner que des marques d'amour
Dans ces asiles saints où mille irrévérences
Devraient faire éclater vos trop lentes vengeances?

4. Que voyez-vous, Seigneur, dans vos sacrés parvis?
Autour de vous frémit un peuple d'ennemis,
Du respect religieux les rois ont pris la place,
Et le crime paré s'y montre avec audace.

5. Gémis, mon cœur, gémis; mes yeux, fondez en pleurs,
Les païens à leurs Dieux rendirent mille honneurs,
Et le Dieu des Chrétiens, insulté par l'impie,
Jusque dans son palais voit sa cause trahie.

6. Quoi donc, faire la guerre à son propre avocat !
Attaquer sur son trône un Dieu, quel attentat!

Au trône de sa grâce insulter sa justice !
Est-il pour ce forfait un assez grand supplice ?

7. Ah ! je suis outragé par mes propres amis,
Plus cruels mille fois que tous mes ennemis !
Ainsi se p'aint Jésus, à vous, âmes fidèles,
Réparez en ce jour ces injures cruelles.

8. Et vous, Seigneur, frappez ces cœurs toujours ingrats ;
Du moins, ils vous craindront, s'ils ne vous aiment pas.
Joignez votre justice à votre amour immense,
On verra succéder la crainte à l'insolence.

9. Mais plutôt, pardonnez à ces pauvres pécheurs
En déchargeant sur nous les coups de vos fureurs ;
Pardon, cœur de Jésus, cœur tendre, cœur aimable ;
Ah ! ne rejetez pas notre amende honorable.

10. Si notre sang, grand Dieu, pouvait vous rendre honneur,
Frappez, percez, tranchez, immolez jusqu'au cœur ;
Ne nous regardez plus que comme des victimes
Prêtes à tout souffrir pour réparer nos crimes.

11. Nous voici prosternés aux pieds de vos autels ;
Vous pouvez nous frapper, nous sommes criminels.
Mais si vous regardez votre sang et nos larmes,
De vos mains, Dieu d'amour, vont s'échapper les armes.

SUR LA FOI.

(AIR : N°. 32.)

1. Que tout cède à la Foi,
C'est la raison suprême !
Et notre raison même
Souscrit à cette loi :
Que tout cède à la Foi.

2. Le Seigneur a parlé,
Sa voix s'est fait entendre,
Nous croyons sans comprendre
Ce qu'il a révélé ;
Le Seigneur a parlé.

3. Le Fils du Dieu vivant
Au monde a voulu naître,
On l'a dû reconnaître
En œuvres tout puissant,
Le Fils du Dieu vivant.

4. Douze pauvres pêcheurs
Ont annoncé sa gloire ;
Par tout ils ont fait croire ;
Ses suprêmes grandeurs,
Douze pauvres pêcheurs.

5. Ah ! quel plus sûr garant
Que leur seul témoignage,
Ils ont donné pour gage

Leur vie avec leur sang.
Ah! quel plus sûr garant !

6. Malgré tous les tyrans,
La mort même féconde,
A peuplé tout le monde
De chrétiens renaissans,
Malgré tous les tyrans.

7. Nous avons des Pasteurs,
Successeurs des Apôtres :
D'où sont venus les vôtres,
Hérétiques trompeurs ?
Nous avons des Pasteurs.

8. Je suis sûr de ma Foi,
En consultant l'Eglise,
Et mon ame soumise
Reçoit d'elle la loi :
Je suis sûr de ma Foi.

9. Que tout cède à la Foi ;
C'est la raison suprême ;
Et notre raison même
Souscrit à cette loi :
Que tout cède à la Foi.

IMPORTANCE DE LA LOI EVANGELIQUE,

(AIR : N.º 117.)

1. Le temps s'échappe comme un songe,
Chacun de nos jours est compté,
Et l'homme ardent pour le mensonge
Se lasse à fuir la vérité.

Science, ah! trompeuse lumière,
Non, vous ne m'éblouirez plus :
Fuyez, fuyez, la foi m'éclaire ;
Je ne veux savoir que Jésus.

2. L'insensé, dans ses longues veilles,
Seigneur, a mesuré les cieux :
Hélas! un monde de merveilles,
Ne te montre point à ses yeux.
    Science, etc.

3. Pour une gloire fugitive,
Du ciel il détache son cœur ;
Mais tout-à-coup la mort arrive ;
Il s'éveille, et voit son erreur.
    Science, etc.

4. En vain des louanges l'honnorent ;
Sa cendre ne les entend pas,
Et dans les feux qui le dévorent,
Qui peut le soustraire à ton bras ?
    Science, etc.

SUR L'ESPERANCE.

(AIR : N.º 25.)

1. J'espère en vous,
Dieu tout-puissant, Dieu de clémence ;
    J'espère en vous,
O père si tendre et si doux :
C'est vous qui, par votre puissance,
Des biens répandez l'abondance ;
    J'espère en vous.

2. J'espère en vous,
Fidèle dans votre promesse ;
J'espère en vous,
Toujours libéral envers tous,
Vous promettez avec tendresse,
Vous répandez avec largesse ;
J'espère en vous.

3. J'espère en vous ;
Quelque disgrâce qui m'accable ;
J'espère en vous ;
Quelques pesans que soit vos coups,
C'est la main d'un juge équitable,
D'un bon maître, d'un père aimable ;
J'espère en vous.

4. J'espère en vous,
Dans la langueur, dans la souffrance,
J'espère en vous,
La souffrance est un bien pour nous ;
Par elle votre providence
Veut éprouver notre constance ;
J'espère en vous.

5. J'espère en vous ;
Quoi que l'enfer médite ou fasse,
J'espère en vous,
Non, je ne craindrai point ses coups :
Il n'est point, avec votre grâce,
D'ennemi que je ne terrasse ;
J'espère en vous.

6. J'espère en vous ;
Malgré mes fautes, ma misère,
J'espère en vous.
Confus, tremblant à vos genoux,

J'implore ma grâce, ô mon Père !
Appaisez donc votre colère,
J'espère en vous.

7. J'espère en vous ;
Par Jésus-Christ qui me ranime,
J'espère en vous :
Il s'est fait victime pour nous ;
Par le sang de cette victime,
O mon Dieu ! pardonnez mon crime ;
J'espère en vous.

8. J'espère en vous,
Ah ! sauvez-moi, je le désire ;
J'espère en vous.
Jésus meurt pour nous sauver tous ;
Il pense à moi quand il expire ;
Couvert de son sang, j'ose dire :
J'espère en vous.

BONHEUR DE CEUX QUI AIMENT DIEU.

(AIR : N°. 23.)

1. Heureux qui goûte les doux charmes
De l'aimable et céleste amour !
Son cœur d'une paix sans alarmes
Devient le tranquille séjour.
Réf. Esprit-Saint, descends sur la terre,
Embrâse-la d'un si beau feu,
Ah ! s'il est doux d'aimer un père,
Comment ne pas aimer un Dieu ?

2. O vous que l'infortune afflige !
Ne craignez point votre douleur ;

L'amour opère tout prodige ;
Il change nos maux en bonheur.
Esprit-Saint, etc.

3. Je le sens, cet amour extrême ;
Il me prévient de sa douceur ;
Mais pour t'aimer, bonté suprême,
Non ce n'est point assez d'un cœur.
Esprit-Saint, etc.

EFFUSION DE L'AMOUR DIVIN.

(AIR : N.ºs 24 et 143.)

1. Brûlons d'ardeur,
Brûlons sans cesse ;
Brûlons d'ardeur
Pour le Seigneur.
A n'aimez que lui tout nous presse
Lui seul mérite notre cœur.
Brûlons d'ardeur,
Brûlons sans cesse ;
Brûlons d'ardeur
Pour le Seigneur.

2. Lui seul est grand,
Saint, adorable ;
Lui seul est grand,
Seul tout-puissant.
Ah ! qu'il est bon, qu'il est aimable !
Tout en lui, tout est ravissant.
Lui seul est grand, etc.

3. C'est le Seigneur
Tout charitable :

C'est le Seigneur
Le Rédempteur.
Oh! qu'un chrétien est donc coupable,
Lorsqu'il vit pour lui sans ardeur !
C'est le Seigneur, etc.

4. Plein de bonté
Pour un coupable,
Plein la bonté,
De charité.
Ce Dieu, dans son sang adorable,
A lavé mon iniquité;
Plein de bonté, etc.

5. De sa fureur
Un Dieu menace,
De sa fureur,
Notre froideur.
N'avoir pour lui qu'un cœur de glace,
N'est-ce pas le plus grand malheur ?
De sa fureur, etc.

6. Viens m'animer,
Amour céleste,
Viens m'animer,
Viens m'enflammer.
Plein de dégoûts pour tout le reste,
C'est Dieu seul que je veux aimer.
Viens m'animer, etc.

7. Ce n'est qu'à vous
Que je veux être,
Ce n'est qu'à vous,
O Dieu si doux!
Posséder seul, aimable Maître,

Un cœur dont vous êtes jaloux.
   Ce n'est qu'à vous, etc.

8. Quelle douceur
   Quand on vous aime !
   Quelle douceur,
   Ah ! quel bonheur !
On goûte au-dedans de soi-même
Une paix qui ravit le cœur.
   Quelle douceur, etc.

9. Régnez en moi,
   Dieu tout aimable ;
   Régnez en moi,
   Mon divin Roi.
Pour preuve d'amour véritable,
Que j'observe en tout votre loi.
   Régnez en moi, etc.

10. C'est mon désir,
    Dieu de mon âme ;
    C'est mon désir
    De vous servir.
De plus en plus que je m'enflamme ;
Que d'amour je puisse mourir !
    C'est mon désir, etc.

11. O vérité !
    O bien suprême !
    O vérité !
    O charité !
Faites, grand Dieu ! que je vous aime
Dans le jour de l'éternité.
    O vérité, etc.

SUR LA PRIÈRE.

(AIR : N.º 25.)

1. Il faut prier,
Du Seigneur c'est la loi suprême ;
Il faut prier,
Afin de nous sanctifier.
Mais que, pour ce Dieu qui nous aime,
Notre tendresse soit extrême,
  Pour bien prier.

2. Il faut prier
Ce Dieu notre souverain Maître ;
Il faut prier
A ses pieds gémir, supplier.
Mais en coupable il faut paraître,
Et notre orgueil doit disparaître
  Pour bien prier.

3. Il faut prier,
Quelle occupation plus sainte !
Il faut prier,
Bénir Dieu, le glorifier ;
Mais de ces traits que l'âme empreinte
Unisse l'amour à la crainte
  Pour bien prier.

4. Il faut prier,
N'oublions point cette maxime ;
Il faut prier,
Louer Dieu, le remercier,
Mais qu'un feu sacré nous anime,
Nous fasse détester le crime,

5. Il faut prier,
A l'aspect de notre misère
Il faut prier,
Afin de nous fortifier.
Mais notre cœur doit de la terre
Mépriser les biens, la poussière,
Pour bien prier.

6. Il faut prier,
Avec une foi vive et pure,
Il faut prier,
Afin de nous purifier;
Il faut que notre âme attentive
Soit humble, fervente et plaintive,
Pour bien prier.

7. Il faut prier
Avec ardeur et confiance;
Il faut prier
Sans se lasser, sans s'ennuyer.
Qu'à Dieu notre persévérance
Fasse une sainte violence,
Pour bien prier.

8. Il faut prier,
Du Très-Haut chanter les louanges;
Il faut prier,
Au Ciel il faut s'associer;
Il faut nous unir aux saints Anges;
A Marie, aux Saints, aux Archanges,
Pour bien prier.

SUR LA PRÉSENCE DE DIEU.

(AIR : N° 26.)

1. Où puis-je me cacher
Lorsque je veux pécher ?
O grand Dieu que j'adore !
Par-tout, Dieu tout-puissant,
Du couchant à l'aurore
N'êtes vous pas présent ?

2. Irai-je vers les Cieux ?
Assis dans ces hauts lieux,
Vous formez le tonnerre ;
Quand même j'entrerais
Au centre de la terre,
Je vous y trouverais.

3. Si je veux, ô Seigneur !
Pécher à la faveur
D'une nuit ténébreuse,
La nuit, mon Dieu, pour vous
Est aussi lumineuse
Que le soleil pour nous.

4. En vain mon cœur dira :
Ici l'on ne pourra
Ni me voir, ni m'entendre ;
Le vif remords qu'il sent,
Seigneur, me fait comprendre
Que vous êtes présent.

5. D'où me vient cet effroi
Que je sens malgré moi,
Que je ne puis contraindre ?

Etant seul à l'écart,
O mon Dieu ! qu'ai-je à craindre ?
Ah ! c'est votre regard.

6. Pour vivre saintement,
Faites qu'à tout moment
De vous je me souvienne,
Et que votre regard
Dans mon devoir me tienne,
Seigneur, à votre égard.

7. Que la nuit et le jour
Mon âme, ô Dieu d'amour,
Marche en votre présence ;
Qu'en tel lieu que ce soit,
Je dise et que je pense :
Dieu m'entend, Dieu me voit.

AVANT LE SERMON. (AIR : N°. 27.)

1. O Saint-Esprit, donnez-nous vos lumières !
Venez en nous pour nous embraser tous :
Pour nous régler et former nos prières ;
Nous ne pouvons faire aucun bien sans vous.

2. Priez pour nous, sainte Vierge Marie ;
Obtenez-nous grâce auprès du Sauveur,
Pour écouter ses paroles de vie,
Et les garder, comme vous, dans nos cœurs.

MÊME SUJET. (AIR : N°. 28.)

1. Je viens à vous, Seigneur, instruisez-moi ;
L'homme sans vous ne peut rien nous apprendre

Vous seul pouvez enseigner votre loi,
  Vous seul au cœur   *bis.*
  Pouvez la faire entendre.   *bis.*
2. Embrasez donc d'une céleste ardeur
Celui qui vient annoncer l'Evangile.
Faites aussi, mon Dieu, que l'auditeur
  Ait pour l'entendre   *bis.*
  Un cœur humble et docile.   *bis.*
3. Mère de Dieu, refuge des pécheurs,
Priez Jésus, le Sauveur de nos âmes,
Qu'à sa parole il soumette nos cœurs.
  Pour le remplir   *bis.*
  De ses divines flammes.   *bis.*

INVOCATION AU SAINT-ESPRIT.
(AIR : N°. 100.)

Esprit-Saint, descendez en nous ;   *bis.*
Embrasez notre cœur de vos feux,
  De vos feux   *bis.*
  Les plus doux.
Sans vous notre vaine prudence
Ne peut, hélas ! que s'égarer ;
Ah ! dissipez notre ignorance,   *bis.*
  Esprit d'intelligence,
  Venez nous éclairer.   *bis.*

Refr. Esprit-Saint, descendez en nous, etc.

Le noir enfer, pour nous livrer la guerre
Se réunit au monde séducteur ;
Tout est pour nous embûche sur la terre,
Soyez, soyez notre libérateur.

Refr. Esprit-Saint, etc.

Enseignez-nous la divine sagesse ;
Seule elle peut nous conduire au bonheur ;
Dans ses sentiers qu'heureuse est la jeunesse !
    Qu'heureuse est la vieillesse !
Refr. Esprit-Saint, etc.

INVOCATION AVANT LE SERMON.
(AIR : N°. 29.)

1. Dieu d'amour,
En ce jour,
Viens et descends dans mon âme.
Oui, viens, mon âme est à toi sans retour.
Mon cœur qui te réclame,
Abjure ses erreurs,
Et désire, esprit de flamme,
Brûler de tes saintes ardeurs.
Mon cœur, etc.

2. Ah ! pourquoi.
Loin de toi,
Cherché-je un bonheur frivole ?
On ne peut être heureux que sous ta loi.
C'est-elle qui console
Tes vrais adorateurs,
Appuyés sur ta parole,
Ils sont au-dessus des malheurs ;
C'est-elle qui console, etc.

3. Il est temps,
Je me rends :
Seigneur, ta bonté m'enchante,
Mon cœur se livre aux plus doux sentimens ;

Sous ta loi bienfaisante,
Si tu veux, ô mon Dieu !
Fixer mon âme inconstante,
Viens l'y graver en traits de feu.
Sous ta loi, etc.

4. Si jamais
J'oubliais
La loi que tu m'as tracée
Je m'abandonne à tes justes arrêts.
Que ma langue glacée
S'attache à mon palais,
Et que mon âme lassée
Ne trouve ni repos ni paix.
Que ma langue glacée, etc.

AVANTAGES DE L'INSTRUCTION CHRETIENNE. (Air : N.° 121.)

1. Salut, aimable et cher asile,
Où Dieu même insruit ses enfans,
Où des beautés de l'Evangile
Il charme leurs cœurs innocens.
Ce n'est plus au bruit du tonnerre
Qu'il vient leur annoncer ses lois,
C'est un Sauveur, un tendre Père,
Dont j'entends aujourd'hui la voix.

2. Ici la Foi de ses nuages
Semble à nos yeux se dégager, *bis.*
Et les esprits les plus volages
Sous son joug viennent se ranger.

Ici de son souffle ineffable
La grâce enflamme nos désirs,
Nous rend la vertu plus aimable,
De nos devoirs fait nos plaisirs. *bis.*

3. Dans tes murs, sacré sanctuaire,
Le Ciel pour nous a plus d'attraits;
Plus vive y monte ma prière,
Plus prompts descendent ses bienfaits.
Ah! pour cette troupe nombreuse,
Qu'ici commence le beau jour,
Où des Saints la famille heureuse
Vivra, Seigneur, de ton amour! *bis.*

INVOCATION AU SAINT-ESPRIT.

(AIR : N.º 66.)

1. Esprit-Saint, comblez nos vœux,
Embrasez nos âmes
Des plus vives flammes;
Esprit-Saint, comblez nos vœux,
Embrasez nos âmes
De vos plus doux feux.   *Esprit, etc.*

2. Seul auteur de tous les dons,
De vous seul nous attendons
Tout notre secours,
Dans ces saints jours.   *Esprit, etc.*

3. Sans vous en vain du don des cieux
Les rayons précieux
Brillent à nos yeux;
Sans vous notre cœur
N'est que froideur.   *Esprit, etc.*

4. Voyez notre aveuglement,
 Nos maux, notre égarement ;
  Rendez-nous à vous,
   Et changez-nous. Esprit, etc.

5. Sur nos esprits, Dieu de bonté,
 Répandez la clarté
  Et la vérité ;
  Préparez nos cœurs
   A vos faveurs. Esprit, etc.

6. Donnez-nous ces purs désirs,
 Ces pleurs saints, ces vrais soupirs,
  Qui des grands pécheurs
   Changent les cœurs. Esprit. etc.

7. Donnez-nous la docilité,
 Le don de pureté
  Et de piété,
  L'esprit de candeur
   Et de douceur. Esprit, etc.

8. Etouffez notre tiédeur,
 Réchauffez notre ferveur,
  Rassurez nos pas
  Dans nos combats. Esprit, etc.

9. Sanctifiez nos jours naissans,
 Et nos jours florissans,
  Et nos derniers ans ;
  Que tous nos instans
   Soient innocens. Esprit, etc.

INVOCATION A LA SAINTE VIERGE.

(AIR : N.º 32.)

Je mets ma confiance,
Vierge, en votre secours,
Servez-moi de défense,
Prenez soin de mes jours.
Et quand ma dernière heure
Viendra fixer mon sort,
Obtenez que je meure
De la plus sainte mort.

POUR L'ÉLÉVATION ET LA BENÉDICTION.

(AIRS : N.ᵒˢ 33 et 138.)

1. Sur cet Autel,
Ah! que vois-je paraître !
Jésus, mon Roi, mon divin Maître,
Sur cet Autel,
Sainte Victime,
Vous expiez mon crime
Sur cet Autel.

2. De tout mon cœur,
Dans ce profond mystère,
Je vous adore et vous révère
De tout mon cœur.
Bonté suprême !
Que toujours je vous aime
De tout mon cœur.

MÊME SUJET. (AIR : N.º 34.)

1. Recueillons-nous, le prodige s'opère :
Jésus paraît, Jésus descend des Cieux ;
En ce moment il arrive en ces lieux.
Je me prosterne et le révère ;
Je l'adore et je crois :
C'est mon roi, c'est mon père,
Ce mystère ne l'est plus pour moi :
Une céleste lumière, *bis.*
Brille et m'éclaire, oui je le vois. *bis.*

2. Disparaissez, vains objets de la terre,
Vous n'aurez plus d'empire sur mon cœur ;
Jésus, faisant ma joie et mon bonheur,
Je veux le servir et lui plaire,
N'écouter que sa voix ;
C'est pour moi qu'il s'abaisse,
Sa tendresse réveille ma foi :
Que sa bonté me bénisse, *bis.*
Que j'accomplisse sa sainte loi. *bis.*

———

MÊME SUJET. (AIR : N.º 35.)

1. Dans ce profond mystère,
Où la foi sait te voir,
Tout en nous te révère,
Tu fixes notre espoir.
A la fin de la vie,
Divine Eucharistie,
Nourris par toi du pain de ton amour,
Dans la cité chérie
Nous te verrons un jour.

2. Puisse notre tendresse
Obtenir de ton cœur
La sublime sagesse,
Qui mène au vrai bonheur !
A la fin de la vie, etc.

3. Que tout en nous s'unisse
Pour chanter tes bienfaits ;
Que ta bonté bénisse
Nos vœux et nos souhaits;
A la fin de la vie, etc.

4. Sur nous daigne répandre
Tes bénédictions,
Et fais-nous bien comprendre
La grandeur de tes dons.
A la fin de la vie, etc.

MÊME SUJET. (AIR : N.° 36.)

1. Amour (*ter*) au divin Rédempteur,
Il vient s'offrir en sacrifice,
Pour fléchir du ciel la justice ;
Répétons tous avec ardeur :
Amour au divin Rédempteur.   bis.

2. Honneur (*ter*) c'est lui, c'est notre Dieu ;
Chrétiens, rendons-lui nos hommages !
Que la foi perce les nuages
Qui le cachent dans ce saint lieu.
Honneur, c'est lui, c'est notre Dieu.   bis.

MÊME SUJET. (AIR : N.° 37.)

1. Jésus vient en ces lieux,   bis.
Adorons ce mystère,

Il abaisse les cieux,　　　　　*bis.*
Pour visiter la terre ;
Rendons au Fils de l'Eternel
De notre cœur l'hommage solennel.
　　Pour notre amour,
　　De son séjour,　　　 } *bis.*
Il descend sur l'autel.

2. Je t'adore en tremblant,
　Divinité cachée,
　De ton abaissement
　Mon ame est étonnée :
C'est le secret de ton amour.
De tes enfans tu veux que dès ce jour
　　La vive foi
　　Jusques à toi
　S'élève sans retours

───

MÊME SUJET. (AIR : N.º 1.)

1. Sur cet autel,
Le fils de Dieu pour nous sauver s'abaisse,
　Sur les pas du Verbe immortel
　Accourez, habitans du ciel,
　Venez, célébrer sa tendresse ;
　　A cet autel.

2. Sur cet autel
Jetez les yeux, voyez un sacrifice
　Plus digne que celui d'Abel ;
　Nous cessons, ô Père éternel
　De redouter votre justice,
　　A cet autel.

3. Sur cet autel
O mon Jésus! comme sur le Calvaire,
Au jour sanglant et solennel
Où tu reçus le coup mortel,
Tu viens encor sauver la terre,
Sur cet autel.

4. Sur cet autel,
O mon Sauver! je te crois, je t'adore,
Perçant le voile naturel
Qui cache le présent du ciel;
Je te bénis et je t'implore,
A cet autel.

MÊME SUJET. (AIRS : N.os 39 et 40.)

1. Que cette voûte retentisse
Des voix et des chants des mortels;
Que tout ici s'anéantisse,
Jésus paraît sur nos Autels.   bis.

2. Quoique caché dans ce mystère
Sous les apparences du pain,
C'est notre Dieu, c'est notre Père:
C'est le Sauveur du genre humain.   bis.

3. O divin époux de nos âmes!
Dans cet Auguste Sacrement,
Embrasez-nous tous de vos flammes
En vous faisant notre aliment.   bis.

MÊME SUJET. (AIR : N.° 38.)

1. Adorons tous dans ce profond mystère
Un Dieu caché que notre foi révère.

Que nos œuvres, nos cœurs, et nos chants
 les plus doux
S'accordent à louer un Dieu si près de nous.
 Un Dieu si près de nous. bis.

2. Pour nous sauver et nous donner la vie,
 O doux Jésus ! vous êtes dans l'Hostie.
Ah ! soulagez nos maux, calmez nos passions,
Et répandez sur nous vos bénédictions,
 Vos bénédictions. bis.

3. Anges, témoins de ses faveurs nouvelles,
 Rendez pour nous des grâces immortelles,
Aidez-nous à bénir l'auguste Trinité
Dans la suite des temps et dans l'éternité,
 Et dans l'éternité. bis.

MÊME SUJET. (AIR : N.º 41.)

1. O prodige d'amour ! spectacle ravissant !
Sous un pain qui n'est plus, Dieu cache sa présence,
Ici pour le pécheur il est encor mourant ;
Les Anges étonnés l'adorent en silence :
 Prosternez-vous, offrez des vœux :
 Oui, mortels, c'est le roi des cieux. } bis.

2. Jésus qu'un voile obscur ici couvre à mes yeux,
Satisfaites bientôt la soif qui me dévore :
Que je vous voie enfin dans ce royaume heureux
Où l'âme, à découvert, vous aime et vous adore :
 O quand verrai-je ce beau jour
 Qui couronnera mon amour ! } bis.

MÊME SUJET. (AIR : N.º 107.)

1. Courbons nos fronts respectueux
Sous ces voiles mystérieux
L'amour cache le Roi des cieux ;
Unissons nos pieux cantiques
Aux accens des cœurs angéliques.
Oui Jésus, nous le jurons tous,
Nous n'aimerons jamais que vous,
O Jésus, nous le jurons tous.　　　　bis.
Jésus, Jésus,
Nous n'aimerons jamais que vous.　　bis.

2. O Jésus ! monarque éternel,
Puisse, en ce moment solennel,
Notre âme vous servir d'autel,
Que votre divine présence
Nous donne la paix, l'innocence.
Oui, Jésus, nous le jurons tous,
Nous n'aimerons jamais que vous ;
O Jésus, nous le jurons tous.　　　　bis.
Jésus, Jésus,
Nous n'aimerons jamais que vous.　　bis.

MÊME SUJET. (AIR : N.º 42.)

Silence, Ciel ! silence, terre !
Le plus redoutable mystère,
Sur cet Autel et sous nos yeux
S'opère ;
L'Eternel descend en ces lieux
Des Cieux.

2. Prosternons-nous, rendons hommage,
A ce Dieu que l'amour engage
A nous donner de son amour
　　Le gage.
Rendons-lui par un prompt retour
　　Amour

MÊME SUJET. (AIR : N.° 43.)

1. Adorons ici notre Dieu ;
C'est lui, Chrétiens, rendons-lui nos hommages ;
　Que la Foi perce les nuages		} bis.
　Qui le cachent en ce saint lieu.

2. Prosternons-nous tous à ses pieds ;
Pleurons ici, confessons notre offense,
　Nous éprouverons sa clémence		} bis.
　Si nos cœurs sont humiliés.

3. Bénissez-nous, divin Jésus ;
Jetez sur nous un regard salutaire,
　Le doux regard d'un tendre père,	} bis.
　Ce regard qui fait les Elus.

4. Gloire, honneur bénédiction
Au Fils de Dieu, le Sauveur de nos âmes ;
　Que nos cœurs, des plus pures flammes	} bis.
　Brûlent toujours pour son saint nom !

MÊME SUJET. (AIR : N.° 44.)

1. Sous ce dehors obscur qui vous cache à nos
　　yeux,
Seigneur, nous vous croyons le puissant Roi des
　　Cieux,

Et d'un profond respect, à travers ce nuage,
Prosternés à vos pieds, nous vous rendons hommage.

2. Verbe divin fait chair, Rédempteur des mortels;
Daignez nous bénir tous de vos sacrés autels;
Bénissez nos travaux, bénissez nos souffrances,
Bénissez nos desseins, pardonnez nos offenses.

MÊME SUJET. (AIR : N.° 44.)

O Jésus, victime adorable !
Qu'envers nous votre amour est fort !
Vous daignez pour l'homme coupable,
Vous assujettir à la mort. (*fin.*)
Père tendre, bonté suprême !
Quand vous aimerai-je, à mon tour !
Quand pourrai-je, pour vous, moi-même
M'immoler, expirer d'amour ?
O Jésus, etc.

MÊME SUJET. (AIR : N°. 46.)

1. Dans ce divin mystère
Qui vous cache à nos yeux,
J'adore et je revère
Le puissant Roi des Cieux.
D'un seul mot le ciel s'ouvre;
Sa majesté se couvre
(Sous un pain qui n'est plus;
Mais la foi vous découvre,
Mon divin (Jésus....*ter.*). *bis.*

2. Les Anges, en silence,
Au pied de son autel,

Tremblent en la présence
Du Dieu saint, éternel;
Mais dans son sanctuaire,
Pour moi Jésus tempère
Tout l'éclat de son jour:
Il est un tendre père;
Il est le Dieu (d'amour. *ter.*) *bis.*

MÊME SUJET. (AIR : N°. 47.)

1. Mon doux Jésus, enfin voici le temps
De pardonner à nos cœurs pénitens;
Nous n'offenserons jamais plus   *bis.*
   Votre bonté suprême,
      O doux Jésus!

2. Puisqu'un pécheur vous a coûté si cher,
Faites-lui grâce, il ne veut plus pécher.
Ah! ne perdez pas cette fois   ⎫
   La conquête admirable   ⎬ *bis.*
      De votre croix.   ⎭

3. Enfin, mon Dieu, nous sommes à genoux
Pour vous prier de nous pardonner tous.
Pardonnez-nous, ô Dieu clément!   ⎫
   Lavez-nous de nos crimes   ⎬ *bis.*
      Dans votre sang   ⎭

MÊME SUJET. (AIR : N°. 48.)

1. O Roi des cieux!
Vous nous rendez tous heureux;
Vous comblez tous nos vœux

En résidant pour nous dans ces lieux.
  Prodige d'amour,
  Dans ce séjour
Vous vous immolez pour nous chaque jour ;
  A l'homme mortel
Vous offrez un aliment éternel.
   O Roi des Cieux ! etc.

2. Seigneur, vos enfans
  Reconnaissans
Vous offrent les plus tendres sentimens ;
  Leurs cœurs, sans retour,
Veulent brûler du feu de votre amour.
   O Roi des Cieux ! etc.

3. Chantons tous en chœur :
  Amour, honneur
A Jésus, notre aimable Rédempteur !
  Chantons à jamais
De son amour les éternels bienfaits.
   O Roi des Cieux ! etc.

MÊME SUJET. (AIR : N°. 113.)

O prodige d'amour, ô majesté suprême !
 Le Tout-Puissant descend sur cet autel,
 Et, nous voilant son éclat immortel,
Sous un pain qui n'est plus il se donne lui-même. *bis.*
  O quel bienfait ! c'est mon Sauveur,
 Le seul vrai Dieu qui reçoit mon hommage,
J'adore ses grandeurs : qu'il soit tout mon partage ;
  Seul il fera tout mon bonheur.
  Mais quel nouvel espoir m'enflamme ?
  Que ressens-je au fond de mon âme ?

Ha ! c'est Jésus ! Ha ! c'est mon Roi ! *bis*.
Oui, c'est lui (*bis*) qui se donne à moi.
O prodige, etc.

MÊME SUJET. (AIR : N.° 49 et 116.)

1. Je vois s'ouvrir l'auguste tabernacle,
Sur cet autel paraît le Roi des Cieux ;
Heureux mortels ! ce temple est un cénacle,
L'esprit d'amour le remplit de ces feux. *bis*.

2. Divin Jésus, mon âme s'abandonne
Aux saints transports qu'inspire ton amour ;
O mon Sauveur ! tu m'offres ta couronne,
Et tu ne veux que mon cœur en retour ! *bis*.

3. Je suis à toi : mais quelle est ma faiblesse !
Répands sur moi ta bénédiction ;
Soutiens mon cœur, daigne par ta tendresse
Eterniser cette heureuse union. *bis*.

AVANT LA COMMUNION, (AIR : N.° 135.)

1. Amour divin, ô Sagesse éternelle ! *bis*.
Vous que chérit et désire mon cœur,
Apparaissez, beauté toujours nouvelle :
O doux Jésus, avancez mon bonheur !
Refr. Ah ! loin de moi la coupe empoisonnée,
Qui du méchant consomme le malheur !
Jésus m'appelle, heureuse destinée !
Voici l'Epoux; c'est le Dieu de mon cœur. *bis*.

2. Pourquoi, toujours insensible à ses charmes,
Ai-je oublié si long-temps ses bienfaits ?

O Dieu Sauveur, voyez couler mes larmes,
Avec mes pleurs, acceptez mes regrets.
 Ah ! loin de moi, etc.

3. Il a voilé l'éclat de sa présence,
Pour rassurer les timides mortels :
Son tendre amour nourrit ma confiance,
Et me conduit aux pieds des saints autels.
 Ah ! loin de moi, etc.

4. Comment suffire à la reconnaissance ?
Que vous offrir, ô magnifique Epoux ?
Revêtez-moi de grâce et d'innocence,
Rendez mon cœur moins indigne de vous.
 Ah ! loin de moi, etc.

MÊME SUJET. (AIR : N.° 28.)

Prosternés aux pieds des autels,
 Adorons, mortels,
 Rendons hommage
A ce Dieu que l'amour engage
A s'offrir, hélas ! pour des criminels.
 Ciel ! quel ravissant spectacle,
 Vient ici frapper mes yeux !
 L'Eternel, par un miracle,
 Dans ces lieux
 Descendre
 Des cieux.
Chrétiens, sans plus attendre,
De concert offrons-lui nos vœux.

MÊME SUJET. (AIR : N.º 50.)

1. Tu vas remplir le vœu de ma tendresse :
Divin Jésus, tu vas me rendre heureux ;
O saint amour, délicieuse ivresse !
Dans ce moment mon âme est tout en feux.
Refr. Mon cœur s'enflamme,
   Ne tarde plus ;
   Viens dans mon âme ;
   O doux Jésus !

2. Princes ornés du riche diadème,
Je me rirai de votre faux bonheur.
C'est toi, toi seule ! ô ma beauté suprême !
Qui règnera sur mes sens et mon cœur. *Ref.*

3. Ne tarde plus, mon adorable père,
Ne tarde plus à venir dans mon cœur.
Rien, sans Jésus, ne peut le satisfaire ;
Tout autre objet est pour lui sans douceur. *R.*

4. Divin époux, tu descends dans mon âme,
C'est aujourd'hui le plus beau de mes jours.
Que tout en moi se ranime et s'enflamme :
Divin époux, je t'aimerai toujours. *Refr.*

5. Il est à moi ce Dieu si plein de charmes,
Mon bien-aimé, mon aimable Sauveur ;
Echappez-vous de mes yeux, douces larmes,
Coulez, coulez, annoncez mon bonheur. *R.*

6. Que ce bonheur est grand, incomparable !
Du saint amour je ressens les langueurs.
De ce beau feu, si pur, si désirable,
Ah ! qu'à jamais je goûte les douceurs ! *Refr.*

4.*

ACTES AVANT LA 1.re COMMUNION.

(Airs N.os 51 et 52.)

1. Troupe innocente
D'enfans chéris des cieux,
Dieu vous présente
Son festin précieux ;
Il veut, ce doux Sauveur,
Entrer dans votre cœur.
Dans cette heureuse attente,
Soyez pleins de ferveur,
Troupe innocente.

Acte de Foi et d'Adoration.

2. Mon divin Maître,
Par quel amour, comment
Daignez vous être
Dans votre Sacrement ?
Vous y venez pour moi,
Plein d'une vive foi,
J'y viens vous reconnaître
Pour mon Sauveur, mon Roi,
Mon divin maître.

Acte d'Humilité.

3. Dieu de puissance,
Je ne suis qu'un pécheur ;
Votre présence
Me remplit de frayeur.

Mais pour voir effacés
Tous mes péchés passés,
Un seul trait de clémence,
Un mot seul est assez,
  Dieu de puissance.

Acte de Contrition.

4. Mon tendre Père,
Acceptez les regrets
  D'un cœur sincère ;
Honteux de ses excès
Vous m'en verrez gémir
Jusqu'au dernier soupir.
Avant de vous déplaire,
Puissé-je ici mourir,
  Mon tendre Père !

Acte d'Amour.

5. Plus je vous aime,
Plus je veux vous aimer :
  O bien suprême,
Qui seul peut me charmer !
Mais, ô Dieu plein d'attraits !
Quand avec vos bienfaits,
Vous vous donnez vous-même,
Plus en vous je me plais,
  Plus je vous aime.

Acte de Désir.

6. Que je désire
De ne m'unir qu'à vous !
  Que je soupire
Après un bien si doux !

Oh ! quand pourra mon cœur
S'enivrer du bonheur
D'être sous votre empire !
Hâtez-moi la faveur
Que je désire.

POUR LA SAINTE COMMUNION.

(AIR : N.° 53.)

1. Vous m'ordonnez, grand Dieu, d'aller à vous,
Et vous voulez être ma nouriture,
Mon cœur soupire après un bien si doux.
Je ne crains plus, votre amour me rassure.
Refr. Il vient ; quel torrent de plaisir,
Tout cède au pouvoir de sa flamme,
O Jésus, vivez dans mon âme !
Vivez (*Bis*) pour n'y jamais mourir. *Bis.*

2. Vous recevoir, ô Dieu de majesté !
Vous que cent fois j'outrageai dans ma vie,
J'en suis indigne : ô Dieu de sainteté !
Dites un mot, et mon âme est guérie. *Refr.*

3. Que vous charmez, que vous êtes puissant,
O Dieu caché sous cet obscur nuage !
Sans vous y voir, je vous y crois présent ;
Moins vous brillez, plus je vous rends
    hommage. *Refr.*

4. En ce moment Jésus vient dans mon cœur ;
Je le possède, ô bonheur ineffable !
L'esclave heureux y reçoit son Seigneur ;
Il s'en nourrit, il lui devient semblable. *Refr.*

5. Que vous rendrai-je, ô Dieu ! pour tant
 d'amour !
Vous donnez tout en vous donnant vous-même :
Je cherche en vain, je me vois sans retour :
Mais vous savez, Seigneur, que je vous aime. *R.*

6. Divin Jésus, que voulez-vous de moi ?
Je suis soumis en tout à votre empire :
Mon cœur est prêt à suivre votre loi,
Et désormais pour vous seul il soupire. *Refr.*

MÊME SUJET. (AIR : N.° 132.)

1. Mon doux Jésus ne paraît pas encore ;
Trop longue nuit, dureras-tu toujours ?
    Tardive aurore
    Hâte ton cours,
Rends-moi Jésus, ma joie et mes amours,
Mon doux Jésus, que seul j'aime et j'implore.

2. De ton flambeau déjà les étincelles,
Astre du jour, raniment mes désirs,
    Tu renouvelles
    Tous mes soupirs.
Servez mes vœux, avancez mes plaisirs ;
Anges du ciel, portez-moi sur vos ailes.

3. Je t'aperçois, asile redoutable,
Où l'éternel descend de sa grandeur.
    Temple adorable
    Du Rédempteur ;
Si dans tes murs il voile sa splendeur,
Ce Dieu d'amour n'en est que plus aimable.

4. Sans nul éclat le vrai Dieu va paraître,
De cet autel il vient s'unir à moi.

Est-ce mon Maître ?
Est-ce mon Roi ?
Laissez, mes yeux, laissez agir ma foi
Un œil chrétien ne peut le méconnaître.

MÊME SUJET. (AIR : N.º 54.)

1. Oh ! que je suis heureux !
J'ai trouvé celui que j'aime :
Oh ! que je suis heureux
Voici le Roi des Cieux :
Je le possède en moi-même,
Quoiqu'invisible à mes yeux ;
Je tiens celui que j'aime,
Oh ! que je suis heureux !
J'ai dans mon âme,
Toute de flamme,
J'ai mon Sauveur
Au milieu de mon cœur.
Grâce, grâce, grâce à l'amour,
Qui triomphe de mon Dieu dans ce jour.

2. D'où me vient ce bonheur ?
Quoi ! mon Dieu me rend visite ;
D'où me vient ce bonheur
D'où me vient cet honneur ?
Homme ingrat, je ne mérite
Que d'éprouver sa rigueur :
Sa bonté me visite,
D'où me vient ce bonheur !
J'ai, etc.

3. Cieux, qu'avez-vous de plus
J'ai vos biens et votre gloire.

Cieux qu'avez-vous de plus ?
J'ai tout avec Jésus.
Il est vrai, qu'il me faut croire,
Puisqu'il cache ses vertus;
Mais j'ai toute sa gloire,
Vous n'avez rien de plus.
J'ai, etc.

4. Je n'ai point de retour,
O Jésus ! pour cette grâce;
Je n'ai point de retour
Digne de votre amour.
Faites que tout à ma place,
Vous bénisse nuit et jour;
Pour une telle grâce
Je n'ai point de retour.
J'ai, etc.

5. Parlez en ma faveur,
A mon Dieu, Vierge Marie;
Parlez en ma faveur,
Prêtez-moi votre cœur,
Qu'avec lui je glorifie
Mon Père, mon Rédempteur,
O divine Marie !
Parlez en ma faveur.

6. Régnez, ô doux Jésus !
Dans mon cœur et mes puissances,
Régnez, ô doux Jésus !
Je ne résiste plus.
Pardonnez mes négligences
J'en suis contrit et confus;
Dans toutes mes puissances
Régnez, ô doux Jésus.
J'ai, etc.

MÊME SUJET. (AIR : N.º 55.)

1. Chantons en ce jour
Jésus et sa tendresse extrême,
Chantons en ce jour
Et ses bienfaits et son amour.
Il a daigné lui-même
Descendre dans nos cœurs ;
De ce bonheur suprême
Célébrons les douceurs.
Chantons, etc.

2. O Dieu de grandeur !
Plein de respect, je vous révère,
O Dieu de grandeur !
J'adore dans vous mon Sauveur ;
Si ce profond mystère
Vient éprouver ma Foi,
Votre grâce m'éclaire,
Je vous découvre en moi.
O Dieu, etc.

3. Aimable Sauveur,
Que je ne cherche qu'à vous plaire !
Aimable Sauveur,
Vous seul ferez tout mon bonheur ;
Ami le plus sincère,
Généreux bienfaiteur ;
A vous comme à mon Père
Je consacre mon cœur.
Aimable, etc.

4. Mon divin Epoux,
Mon âme à vous seul s'abandonne ;

Mon divin Epoux,
Que pourrais-je craindre avec vous !
Que l'Enfer gronde et tonne,
Qu'il s'arme de fureur :
Il n'est rien qui m'étonne,
Jésus est dans mon cœur.
　　Mon divin époux, etc.

5.　Pour tous vos bienfaits,
Que vous offrir, ô divin Maître !
　Pour tous vos bienfaits,
Je me donne à vous pour jamais.
　En moi je sentis naître,
　Les transports les plus doux,
　Quand je pus vous connaître
　Et m'attacher à vous.
　　Pour tous, etc.

6.　O Dieu tout-puissant !
Par votre divine présence,
　O Dieu tout puissant !
Conservez mon cœur innocent ;
　Puisque dès ma jeunesse,
　Vous guidâtes mes pas,
　Protégez-moi sans cesse,
　Couronnez mes combats.
　　O Dieu, etc.

MÊME SUJET. (AIR : N° 56.)

1.　L'heureux jour, ô mon âme !
Où Jésus ton Sauveur,
De l'amour qui t'enflamme
Récompense l'ardeur.

Réveille ta tendresse
Avec ta foi,
C'est ton Dieu qui s'abaisse
Jusques à toi.

2. C'est Jésus qui m'appelle
Pour la première fois ;
O touchante nouvelle,
J'obéis à sa voix,
Être le tabernacle
Du Dieu puissant,
O bonheur, ô miracle,
O doux moment !

3. Mon âme vous désire,
Vous êtes son bonheur ;
Vers vous elle soupire,
Et veut votre faveur.
Nul ne peut que vous-même
La contenter :
Daignez, ô vous qu'elle aime !
La visiter.

4 Jusqu'à moi sa puissance
Abaisse sa hauteur,
Et tient à mon enfance
Ce langage enchanteur :
Viens, reçois les caresses
De ton Sauveur ;
Pour prix de ses largesses
Il veut ton cœur.

5. Quelle chétive offrande
Pour un si grand bienfait !

Mon Dieu me la commande ;
Mon cœur est imparfait :
C'est tout ce qu'il demande
Pour tant d'amour.
Que sa tendresse est grande
En ce beau jour !

6. O mon aimable père !
O Jésus, mon époux,
Jésus mon tendre frère,
Je vais m'unir à vous.
Déjà votre présence
M'a transporté ;
J'ai goûté par avance
L'éternité.

7. Doux charme de ma vie,
O jour délicieux !
Si mon âme t'oublie,
Si je fuis de ces lieux,
Oppose aux traits des vices
Ton souvenir,
Rappelle tes délices
Pour m'attendrir.

DOUX EFFETS DE LA S.te COMMUNION.

(Airs : N.os 57, 65, 115, et 116.)

1. Qu'ils sont aimés, grand Dieu, tes tabernacles !
Qu'ils sont aimés et chéris de mon cœur !
Là, tu te plais à rendre tes oracles ;
La foi triomphe, et l'amour est vainqueur.

2. Qu'il est heureux celui qui te contemple,
Et qui soupire aux pieds de tes autels !
Un seul instant qu'on passe dans ton temple,
Vaut mieux qu'un siècle au palais des mortels.

3. Je nage au sein des plus pures délices,
Le Ciel entier, le Ciel est dans mon cœur;
Dieu de bonté, de faibles sacrifices
Méritaient-ils cet excès de bonheur ?

4. Autour de moi les Anges en silence
D'un Dieu caché contemplent la splendeur ;
Anéantis en sa sainte présence,
O Chérubins ! enviez mon bonheur.

5. Monde enchanteur, tu ne saurais me plaire,
Fuis loin de moi, tu m'es trop odieux ;
Rien de mortel ne peut me satisfaire,
Tout mon amour est pour le Roi des Cieux.

6. Divin Sauveur, objet seul plein de charmes,
Ah ! demeurez, ne vous éloignez pas :
Vivre sans vous dans ce séjour de l'armes,
Serait pour moi plus dur que le trépas.

MÊME SUJET. (AIR : N.° 58.)

1. Quel noble feu vient enflammer mon cœur!
Quel doux objet me fait sentir ses charmes !
Seigneur, c'est toi qui descend en vainqueur,
Pour me communiquer ta gloire et ton bonheur.
Aimable sort !
Quel doux transport

Amour divin, je te cède les armes ; } bis.
Je ne veux plus suivre que ta voix, }
Fixe à jamais mon âme sous tes lois.

2. O terre! ô ciel! le fils de l'éternel
Sur cet autel daigne aujourd'hui descendre,
A ses enfans, dans ce jour solennel,
Lui-même il vient prouver son amour paternel,
Qu'il a d'attraits !
Que ses bienfaits
Peignent son cœur et généreux et tendre !
Qui d'entre nous eût jamais pu prétendre }
Que celui qui règne dans les cieux } b.
Vînt habiter avec nous dans ces lieux ?

3. Grand Dieu, je vois ton bras juste et vengeur
Me menacer d'un éternel abîme :
Il s'ouvre..., ô ciel!... Ah ! je frémis d'horreur.
Où fuir, hélas ! où fuir ? Quel sera mon sauveur ?
Suspends tes coups
Et ton courroux :
Ton fils, grand Dieu ! se charge de mon crime,
S'offre à l'autel pour première victime ! }
En quel lieu peuvent tomber tes traits } b.
Sans y trouver ton sang et tes bienfaits ?

4. Mais c'est encor trop peu pour ton amour,
Tu vas m'offrir un plus touchant spectacle.
Tu veux, Seigneur, tu veux, en ce grand jour,
En visitant mon âme y fixer ton séjour.
Espoir trop doux !
Soyez jaloux ;
Fait de mes yeux couler d'heureuses larmes ?

Anges, témoins de cet heureux miracle.
Bientôt mon cœur sera son tabernacle.
Celui qui comble tous mes désirs
Vient m'enivrer d'un torrent de plaisirs.

5. Jeunes amis, ô vous qu'un heureux choix
Vient d'appeler au banquet des délices!
Venez goûter pour la première fois
L'ineffable douceur de vivre sous ses lois.
  De votre cœur,
  Ce doux Sauveur
Vient aujourd'hui recueillir les prémices.
Offrez-les lui : quels plus doux sacrifices?
A ce Dieu préparez un séjour
Digne de lui, digne de son amour.

6. Je t'aperçois, ô divine beauté!
Quoiqu'à mes yeux tu voiles ta présence;
Pardon, Seigneur, si ma légèreté
Méconnut si long-temps tes dons et ta bonté.
  A ton aspect,
  Quel saint respect
Vient à mes sens commander le silence!
Mais dans mon cœur triomphe l'espérance :
Dieu d'amour, mon cœur vole vers toi,
Comble mes vœux en t'unissant à moi.

7. Heureux moment! ô Dieu, quelle douceur
Tu fais sentir à mon âme attendrie!
Amour divin, je ressens tes langueurs
Cieux, que faut-il de plus pour captiver nos cœurs?

Dès le berceau,
Jusqu'au tombeau
A mon bonheur il consacra sa vie :
Dans mon exil, et loin de ma patrie, ⎫
Il veut bien, aimable et tendre époux, ⎬ *bis.*
S'unir à moi par les nœuds les plus doux.

8. De mon bonheur, ô gage précieux !
Tu me promets une éternelle gloire :
Bientôt, Seigneur, je pourrai dans les cieux
Contempler de ton front l'éclat majestueux.
Que tes bienfaits
Soient à jamais
En traits de feu gravés dans ma mémoire :
Mais dans ce jour couronne ta victoire; ⎫
Que mon cœur soit à toi sans retour, ⎬ *bis.*
S'il te suffit pour prix de ton amour.

9. Je vois, hélas ! jeunes et tendres fleurs,
A ce beau jour succéder des tempêtes.
Monde ennemi, tu vas contre nos cœurs
D'une mer en courroux déployer les fureurs.
Entends nos vœux,
O Roi des Cieux !
Entends gronder l'orage sur nos têtes;
Faudra-t-il donc abandonner tes fêtes; ⎫
Renoncer aux délices du port ⎬ *bis.*
Pour affronter le naufrage et la mort ?

10. De ta maison, éternelle beauté,
L'auguste pompe a pour moi trop de charmes;
Autels sacrés, témoins de sa bonté,

Vous le serez aussi de ma fidélité.
D'un Dieu d'amour
Charmant séjour
Ici je viens déposer mes alarmes :
Contre l'enfer ici je prends les armes, } *bis.*
Et, nourri de la divinité,
En paix je marche à l'immortalité.

POUR LA PREMIÈRE COMMUNION.

(AIR : N.º 136.)

1. Quel doux penser me transporte et m'enflamme !
O mon Jésus ! c'est vous que j'aperçois ;
Trois jours encore, et je vais dans mon âme
Vous posséder pour la première foi !
Tous. Quoi ! dans trois jous vous viendrez dans mon âme,
La posséder pour la première fois.

2. Ah ! bienheureux le cœur tendre et fidèle !...
Mais qu'il s'en faut, Seigneur, que je le sois !
Et je pourrais, insensible et rebelle,
M'unir à vous pour la première fois !
Tous. Quoi ! dans trois jours, etc.

3. Mais qu'ai-je dit ? sa bonté m'encourage,
De mes péchés je ne sens plus le poids,
Ah ! dans trois jours, achevez votre ouvrage,
Venez à moi pour la première fois.
Tous. Quoi ! dans trois jours, etc.

4. Agneau sans tache, immolé pour le monde,
   Vous le sauvez en mourant sur la croix.
   C'est sur vous seul que mon espoir se fonde :
   Venez à moi pour la première fois.
Tous. Quoi ! dans trois jours, etc.

5. Festin du ciel, pain sacré, chair divine,
   Par mes désirs déjà je vous reçois.
   Mon doux Jésus à mon cœur les destine ;
   C'est dans trois jours pour la première fois.
Tous. Quoi ! dans trois jours, etc.

6. Un faible enfant, et le Dieu de puissance !...
   A votre amour vous cédez, je le vois.
   Confus, ravi, transporté, je m'avance ;
   Venez, mon Dieu, pour la première fois.
Tous. Quoi ! dans trois jours, etc.

SUR LE MYSTÈRE DE L'EUCHARISTIE.

(Air : N.ºs 59 et 60.)

1. Par les chants les plus magnifiques,
   Sion, célèbre ton sauveur ;
   Exalte dans tes saints cantiques
   Ton Dieu, ton chef et ton pasteur.
   Redouble aujourd'hui, pour lui plaire,
   Tes transports, tes soins empressés :
   Jamais tu n'en pourras trop faire ;   *bis.*
   Tu n'en feras jamais assez.

2. Ouvre ton cœur à l'allégresse,
   A tout le feu de ses transports,

5

Lorsque son immense largesse
T'ouvre elle-même ses trésors :
Près de consommer son ouvrage,
Il consacra son dernier jour
A te laisser ce tendre gage   *bis.*
Qui mit le comble à son amour.

3. Jésus de son amour extrême
Veut éterniser le bienfait ;
Ce que d'abord il fit lui-même
Le prêtre à son ordre le fait ;
Il change, ô prodige admirable !
Qui n'est aperçu que des cieux,
Le pain en son corps adorable :   *bis.*
Le vin en son sang précieux.

4. L'œil se méprend, l'esprit chancèle :
Il cherche d'un Dieu la splendeur ;
Mais toujours ferme, un vrai fidèle,
Sans hésiter voit son Seigneur ;
Son sang pour nous est un breuvage,
Sa chair devient notre aliment,
Les espèces sont le nuage   *bis.*
Qui nous le couvre au sacrement.

5. Ce Fils sous la main paternelle,
Près de se voir percer le flanc ;
Cette victime solennelle,
Dont l'Hébreu vit couler le sang ;
La manne au goût délicieuse
Qui tous les jours tombait des cieux,
Sont la figure précieuse   *bis.*
Du prodige offert à nos yeux.

6. Je te salue, ô pain de l'ange !
   Aujourd'hui pain du voyageur ;
   Toi que j'adore et que je mange,
   Ah ! viens dissiper ma langueur.
   Loin de toi l'impur, le profane,
   Pain réservé pour les enfans,
   Mets des élus, céleste manne,   *bis*
   Objet seul digne de nos chants.

7. Au secours de notre misère
   Jésus se livre entièrement ;
   Dans la crèche il est notre frère,
   Et sur l'autel notre aliment ;
   Quand il mourut sur le Calvaire,
   Il fut la rançon du pécheur ;
   Triomphant dans son sanctuaire,   *bis*
   Il est du juste le bonheur.

8. Honneur, amour, louange et gloire
   Te soient rendus, ô bon Pasteur !
   Vis à jamais dans ma mémoire,
   Sois toujours gravé dans mon cœur.
   O pain des forts ! par ta puissance
   Soulage mon infirmité ;
   Fais qu'engraissé de ta substance,   *bis*
   Je règne dans l'éternité.

MÊME SUJET. (AIRS : N.º 131 et 146.)

1. Chantons, mortels, l'amour immense
   Du fils de Dieu, notre sauveur ;
   Chantons sa bonté, sa clémence :
   En lui nous trouvons le bonheur.

C'est Dieu qui descend sur la terre,
Non tel qu'il y vint autrefois,
Quand, précédé de son tonnerre,
Aux Hébreux il donna ses lois :
Il vient à nous comme un bon père,
Comme le plus juste des rois.
  Chantons, etc.

2. Sous le voile épais du mystère,
Par un éxcès de sa bonté,
Pour être avec nous il modère
L'éclat de sa divinité.
Il craint, par sa vive lumière,
D'accabler notre infirmité.
  Chantons, etc.

3. Victime digne de son père,
Le Fils de Dieu meurt sur la croix,
Et, sur l'autel que je révère,
Il s'offre une seconde fois ;
Pour prix de son amour sincère,
Jurons de vivre sous ses lois.
  Chantons, etc.

4. Tout à la fois victime et prêtre
D'un sacrifice non sanglant,
Tous les jours il daigne renaître
Sur nos autels en s'immolant.
Comment pourrons-nous reconnaître
Un amour si vif, si constant ?
  Chantons, etc.

5. Il nous invite, il nous engage
A son délicieux festin ;

Son sang devient notre breuvage,
Et son corps devient notre pain !
C'est là qu'il nous offre le gage
D'une paix, d'un bonheur sans fin.
 Chantons, etc.

ACTION DE GRACES

APRÈS LA COMMUNION. (AIR : N.° 8.)

1. L'encens divin embaume cet asile,
Quel doux concert ! quel chant mélodieux !
Mon cœur se tait et mon âme est tranquille :
La paix du ciel habite dans ces lieux.
  O pain de vie !
  O mon Sauveur !
  L'âme ravie
Trouve en vous son bonheur.

2. D'un sommeil pur, versé sur ma paupière,
Le calme heureux s'empare de mes sens :
D'un jour plus beau j'entrevois la lumière,
Non, je ne puis dire ce que je sens.
  O pain de vie, etc.

3. Pour embellir le temple de mon âme,
Le Très-Haut daigne y fixer son séjour.
Je le possède, il m'inspire, il m'enflamme :
Je l'ai trouvé, je l'aime sans retour.
  O pain de vie, etc.

4. Que votre joug, ô Jésus, est aimable !
Que vos attraits sont saints et ravissants !

Vous m'enivrez d'une joie ineffable,
Vous m'attirez par vos charmes puissans.
O pain, etc.

5. Je vous adore au-dedans de moi-même,
Je vous contemple à l'ombre de la foi ;
O Dieu, mon tout, ô majesté suprême !
Je ne vis plus, mais Jésus vit en moi.
O pain, etc.

6. O saints transports ! vive et douce allégresse !
Chastes ardeurs ! divins embrassemens !
O plaisirs purs, délicieuse ivresse !
Mon cœur se perd dans vos ravissemens.
O pain, etc.

7. Que vous rendrai-je, ô Sauveur plein de charmes,
Pour tous les dons que j'ai reçus de vous ?
Prenez mon cœur et recueillez mes larmes :
Double tribut dont vous êtes jaloux.
O pain, etc.

8. Vous qui prenez vos plus chères délices
Parmi les lis des cœurs purs et fervens,
Mon bien-aimé ! je mets sous vos auspices
Mes saints projets et mes vœux innocens.
O pain, etc.

9. Je l'ai juré, je vous serai fidèle ;
Je vous promets un immortel amour,
Tant qu'à la nuit une aurore nouvelle
Succédera pour ramener le jour.
O pain, etc.

10. Ah! que ma langue immobile et glacée,
    En ce moment s'attache à mon palais,
    Si de mon cœur s'efface la pensée
    De votre amour comme de vos bienfaits.
        O pain de vie, etc.

RÉSOLUTION

APRÈS LA SAINTE COMMUNION. (AIRS : N.ᵒˢ 30, 61 et 120)

1. Le monde en vain, par ses biens et ses charmes,
   Veut m'engager à plier sous sa loi :
   Mais pour me vaincre, il faut bien d'autres
       armes ;
   Je ne crains rien, Jésus est avec moi.

2. Venez, venez, puissances de la terre ;
   Déchaînez-vous pour me ravir ma foi ;
   Quand de concert vous me feriez la guerre,
   Je ne crains rien, Jésus est avec moi.

3. Monstre infernal, arme-toi de ta rage ;
   Que tes démons se liguent avec toi :
   Tu ne pourras abattre mon courage ;
   Je ne crains riens, Jésus est avec moi.

4. Non, non, jamais la mort la plus cruelle
   Ne me fera trahir ce divin Roi ;
   Jusqu'au trépas je lui serai fidèle,
   Je ne crains rien, Jésus est avec moi.

5. Que les enfers, les airs, la terre et l'onde
   Conspirent tous pour me remplir d'effroi ;
   Quand je verrais crouler sous moi le monde,
   Je ne crains rien, Jésus est avec moi,

6. Divin Jésus mon unique espérance !
Vous pouvez tout ; oui, Seigneur, je le crois,
Mon cœur en vous est plein de confiance,
Je ne crains rien, Jésus est avec moi.

EN L'HONNEUR DU S. NOM DE JESUS.
(Air : N.º 62.)

1. Vive Jésus !
C'est le cri de mon âme ;
Vive Jésus ! c'est le Dieu des vertus :
Aimable nom, quand ma voix te réclame :
D'un nouveau feu pour toi mon cœur s'enflamme :
   Vive Jésus !   bis.

2. Vive Jésus !
C'est le cri qui rallie
Sous les drapeaux le peuple des élus.
Suivre Jésus, c'est aussi mon envie ;
Suivre Jésus, c'est mon bien, c'est ma vie :
   Vive Jésus !   bis.

3. Vive Jésus !
C'est un cri d'espérance
Pour les pécheurs repentans et confus ;
Sur eux du ciel attirant la clémence,
Ce nom sacré soutient leur pénitence :
   Vive Jésus !   bis.

4. Vive Jésus !
A ce cri de vaillance ;
Je verrai fuir les démons éperdus.

Un mot suffit pour dompter leur puissance,
Pour terrasser leur superbe insolence :
   Vive Jésus !   *bis.*

  5. Vive Jésus
  Cri de reconnaissance
D'un cœur touché des bien qu'il a reçus ;
L'enfer veut-il troubler sa confiance,
Il dit encore avec plus d'assurance :
   Vive Jésus !   *bis.*

  6. Vive Jésus !
  C'est mon cri d'allégresse.
O Dieu caché sous un pain qui n'est plus ;
Quand, aux douceurs d'une céleste ivresse.
Je reconnais l'objet de ma tendresse :
   Vive Jésus !   *bis.*

  7. Vive Jésus !
  C'est le cri de victoire
Des bienheureux que le ciel a reçus ;
De leurs combats consacrant la mémoire,
Ce nom puissant éternise leur gloire :
   Vive Jésus !   *bis.*

  8. Vive Jésus !
  Vive sa tendre Mère !
Elle est aussi la mère de élus.
Si nous l'aimons, si nous voulons lui plaire,
Chantons Jésus, notre Dieu, notre frère :
   Vive Jésus !   *bis.*

  9. Vive Jésus !
  Qu'en tous lieux la victoire
Mette à ses pieds les méchants confondus !

O nom sacré, nom cher à ma mémoire,
Puissé-je vivre et mourir pour ta gloire !
Vive Jésus !

HYMNE A JÉSUS.

(Air : N.º 63.)

Vive Jésus, vive Jésus, vive Jésus !
1. Vive notre aimable Sauveur?
Ce Dieu d'amour, ce Dieu vainqueur !
Que lui seul vive en notre cœur. Vive Jésus !
Vive Jésus, vive Jésus, vive Jésus !

2. Du monde, Jésus est l'honneur,
Le juge, le maître et l'auteur ;
Il en est l'unique bonheur. Vive Jésus !
Vive Jésus, etc.

4. Dans son sacrifice éternel,
Il est le pontife immortel,
Le Dieu, la victime et l'autel. Vive Jésus !
Vive Jésus, etc.

4. C'est un agneau pour la douceur.
Troupeau, suivez ce bon Pasteur ;
Ne craignez point le ravisseur. Vive Jésus !
Vive Jésus, etc.

Il est l'espoir des pénitens !
La paix des fidèles mourans ;
Il nous est Jésus en tout temps. Vive Jésus !
Vive Jésus, etc.

6. C'est par Jésus que nous vivons,
C'est par lui que nous triomphons,
Avec Jésus nous règnerons. Vive Jésus !
Vive Jésus, etc.

7. Vive la mère des élus,
Vive la reine des vertus,
Vive Marie, avec Jésus ! Vive Jésus !
Vive Jésus, etc.

L'AMOUR DE JÉSUS PAR DESSUS TOUT
(Air : N.° 118.)

1. Que Jésus est un bon maître !
Et qu'il est doux de l'aimer !
Bienheureux qui sait connaître
Combien il peut nous charmer !
    Divin Sauveur !
    Beauté suprême !
    Oui je vous aime,
    Divin Sauveur !
Je vous aime, je vous aime
    De tout mon cœur,
    De tout mon cœur.

2. Mettons-nous sous son empire,
Soyons à lui pour jamais ;
Et que notre âme n'aspire
Qu'à goûter ses saints attraits. Divin, etc.

3. Sans Jésus rien ne peut plaire,
Tout est dur, tout est amer ;

Tout est disgrâce, misère,
Désespoir, tourment, enfer.   Divin, etc.

4. Avec lui tout est délices,
Tout est source de douceur,
Tout est avant-goût, prémices
Du séjour de son bonheur.   Divin, etc.

5. Avec lui, de l'indigence
L'on ne craint point les rigueurs:
Avec lui, de l'opulence
On dédaigne les faveurs.   Divin, etc.

6. Lui seul est ma richesse,
Et mon bien et mon trésor:
Et je prise sa tendresse
Plus que tout l'éclat de l'or.   Divin, etc.

7. La faveur du monde passe
Aussi prompte que le temps,
Et de longs jours de disgrâce
Suivent ces premiers instans.   Divin, etc.

8. De Jésus l'amour fidèle
Ne trompa jamais nos vœux;
Une foi toujours nouvelle
En serre à jamais les nœuds.   Divin, etc.

9. Aussi veut-il qu'on le serve,
Sans relâche et sans langueur,
Et ne souffre ni réserve
Ni partage dans un cœur.   Divin, etc.

10. Plus ce Dieu d'amour nous aime,
Plus devons-nous, par retour,

Quitter et tout et nous-mêmes,
Pour être à son seul amour. Divin, etc.

LES EFFETS DU SAINT ESPRIT.

(Air : N.os 64 et 114.)

1. Quel feu s'allume dans mon cœur !
Quel Dieu vient habiter mon âme !
A son aspect consolateur,
Et je m'éclaire et je m'enflamme.
Je t'adore, Esprit créateur.
  Parais, Dieu de lumière,   bis.
Et viens renouveler la face de la terre,

2. Je vois mille ennemis divers
Conjurer ma perte éternelle ;
J'entends tous leurs complots pervers,
Dieu ! romps leur trame criminelle ;
Qu'ils retombent dans les enfers.
  Parais, etc.

3. Quels sont ces profanes accens,
Ces cris et ces pompeuses fêtes !
De Baal ce sont les enfans ;
De fleurs ils couronnent leurs têtes
Que va frapper la faux du temps.
  Parais, etc.

4. Voyez comme les insensés
Dansent sur leur tombe entr'ouverte !
La mort les suit à pas pressés ;

En riant ils vont à leur perte.
Dieu regarde....., ils sont dispersés.
  Parais, etc.

5. Quoi ! pour un moment de plaisir,
Mon Dieu ! j'oublirais ta loi sainte,
Dans l'égarement du désir,
Je pourrais vivre sans ta crainte !
Non, mon Dieu ! non, plutôt mourir.
  Parais, etc.

6. Un jour plus pur luit à mes yeux :
Dieu de clarté je t'en rends grâce.
Je vois fuir l'esprit ténébreux :
La foi dans mon cœur prend sa place.
Tous mes désirs sont pour les Cieux.
  Parais, etc.

7. Chrétien par amour et par choix,
Et fier de ton ignominie,
Je t'embrasse, ô divine Croix,
Je t'embrasse avec ta folie
Dont j'osais rougir autrefois.
  Parais, etc.

8. Loin de moi, vains ajustemens,
A mon Dieu vous faites injure;
Délices des cœurs innocens,
Que la pudeur soit ma parure.
Esprit-Saint, garde tous mes sens.
  Parais, etc.

9. Si, quelques momens égaré,
Je te fuyais beauté divine,

Allume en mon cœur déchiré,
Allume une guerre intestine,
De remords qu'il soit dévoré.
    Parais, etc.

10. Ah ! plutôt règne, Dieu d'amour,
Sur ce cœur devenu ton Temple ;
Que je t'honore dès ce jour ;
Que mon œil charmé te contemple
Dans l'éclat du divin séjour.
    Parais, etc.

POUR LA CONFIRMATION.

INVOCATION AU SAINT-ESPRIT. Hymne. *Veni, Creator.*

(Air : N.° 123.)

1. Venez, créateur de nos âmes,
Esprit-Saint qui nous animez,
Brûlez de vos célestes flammes
Les cœurs que vous avez formés.

2. Visitez-nous, Dieu de lumière,
Source de paix et de bonheur,
Don du Très-Haut, feu salutaire,
Charme de l'esprit et du cœur.

3. Venez, par un rayon propice,
Daignez nous dessiller les yeux ;
Venez nous dégager du vice,
Et nous embraser de vos feux.

4. Ne souffrez pas que la mollesse
Nous fasse tomber en langueur,
Et soutenez notre faiblesse
Par une constante ferveur.

5. Domptez les fureurs tyranniques
De l'enfer armé contre nous ;
De nos ennemis domestiques
Arrêtez les perfides coups.

6. Faite que, triomphant du monde,
Nous méprisions sa vanité,
Et que, dans une paix profonde,
Nous marchions vers l'éternité.

7. Faites-nous connaître le Père,
Faites-nous connaître le Fils,
Et vous-même en qui l'on révère
Le saint nœud qui les tient unis.

***

POUR L'EXERCICE DU SOIR.

(Air : N.° 8.)

1. Le soleil vient de finir sa carrière,
Comme un éclair ce jour s'est écoulé.
Jour après jour, ainsi la vie entière
S'écoule et passe avec rapidité
  Dieu de clémence !
  Maître des jours !
  La nuit commence,
Rendez heureux son cours.

2. A chaque instant l'éternité s'avance :
Travaillons-nous à nous y préparer?
De nos péchés faisons-nous pénitence?
De la vertu suivons-nous le sentier?
  Dieu de clémence, etc.

3. Si cette nuit le souverain Arbitre
Nous appelait devant son tribunal,
A sa clémence avons-nous quelque titre?
Que lui répondre en cet instant fatal?
  Dieu de, etc.

4. Du moins, touchés d'un repentir sincère,
Pleurons, Chrétiens, les fautes de ce jour;
D'un Dieu vengeur, désarmons la colère :
Un cœur contrit regagne son amour,
  Dieu de, etc.

POUR TERMINER LA JOURNÉE.

(Air : N.º 21.)

1. Jésus !
O mon Sauveur,
 Mon créateur,
Source de mon être :
 Jésus !
O mon sauveur,
Toi de mon cœur
L'unique bonheur !
 En ce jour,
  Puis-je méconnaître
  Quel'amour

Sur moi règne en maître,
Jésus !
Aimable Roi,
Détruis en moi
Ce qui n'est pas toi.

2. Jésus !
Ton tendre amour
Fait, nuit et jour,
Ma douce allégresse :
Jésus !
Ton tendre amour
Fait, nuit et jour,
En moi son séjour ;
Tous mes sens
Nagent dans l'ivresse ;
Et je sens
Ton cœur qui me presse ;
Jésus !
Oui, ta bonté
A consommé
Ma félicité.

3. Amour
De mon Jésus !
Je n'y tiens plus !
Je te rends les armes ;
Amour
De mon Jésus !
Je n'y tiens plus ;
Mes sens sont vaincus.
Les soupirs,
Les brûlantes larmes

Des plaisirs,
Détruisent les charmes.
Amour !
Les divins feux
Sont-ils aux cieux,
Plus délicieux ?

4. Jésus,
Tout mon espoir
Est de te voir
Au céleste empire ;
Jésus !
Tout mon espoir
Est de te voir
Au beau jour sans soir.
Non l'attrait
D'un monde en délire
Ne saurait
En mon cœur détruire,
Jésus !
Le doux plaisir ;
L'ardent désir
Pour toi de souffrir.

5. Seigneur,
Roi des vertus,
Pain des élus !
Céleste pâture,
Seigneur !
Roi des vertus,
Pain des élus,
Que veux-je de plus ?
Si jamais,

Ingrat et parjure,
J'oubliais
Ta loi sainte et pure,
Seigneur !
Que le remords
Rende mon sort
Pire que la mort.

L'ANGELUS.

(Air : N.º 67.)

1. Un ange au nom du Seigneur,
Avec respect vint à Marie;
Un ange au nom du Seigneur
Vint lui prédire sa grandeur;
Salut, ô Marie ;
O Vierge chérie !
Salut, ô Marie,
Trésor de vertus !
L'Eternel vous a choisie
Pour la mère de Jésus. *Angelus.*

2. O quel mystère ! ô quel don !
Du Seigneur je suis la servante ;
O quel mystère ! ô quel don !
Quelle Dieu d'Israël est bon.
Si mon Dieu s'abaisse ;
Malgré ma bassesse ;
Si mon Dieu s'abaisse
A choisir mon cœur;
Que sur moi de sa tendresse
S'acomplisse la faveur. *Ecce ancilla.*

3. Dès que Marie a parlé,
Du Saint-Esprit elle est l'épouse;
Dès que Marie a parlé,
Le Fils de Dieu s'est incarné.
   Marie est la Mère
   O profond mystère !
   Marie est la Mère
   Du Verbe éternel;
Sa vertu donne à la terre
Le plus grand trésor du ciel. *Et Verbum.*

4. O Vierge ! priez pour nous,
Ah ! soyez notre tendre mère ;
O Vierge ! priez pour nous;
Du ciel appaisez le courroux.
   Que votre puissance,
   Mère de clémence !
   Que votre puissance
   Nous protège tous ;
Que votre sainte présence,
A la mort veille sur nous. *Oremus*

POUR L'AVENT.

(Air : N.º 68.)

1. Venez, divin Messie,
Sauvez nos jours infortunés,
   Venez, source de vie,
   Venez, venez, venez.

2. Ah ! descendez, hâtez vos pas,
Sauvez les hommes du trépas,

Secourez-nous, ne tardez pas.
　　Venez, etc.

3. Ah ! désarmez votre courroux,
　Nous soupirons à vos genoux ;
　Seigneur, nous n'espérons qu'en vous.
　　Pour nous livrer la guerre,
　　Tous les enfers sont déchaînés ;
　　Descendez sur la terre,
　　　Venez, etc.

4. Que nous souffrons de maux divers !
　L'affreux démon nous tient aux fers ;
　Il veut nous conduire aux enfers ;
　　Vous voyez l'esclavage,
　　Où vos enfans sont condamnés ;
　　Conservez votre ouvrage.
　　　Venez ; etc.

5. Eclairez-nous, divin flambeau ;
　Parmi les ombres du tombeau,
　Faites briller un jour nouveau.
　　Au plus cruel supplice,
　　Nous auriez-vous abandonnés !
　　Ah ! soyez-nous propice.
　　　Venez, etc.

6. Que nos soupirs soient entendus ;
　Les biens que nous avons perdus
　Ne nous seront-ils point rendus ?
　　Voyez couler nos larmes,
　　Grand Dieu ! si vous nous pardonnez,
　　Nous n'avons plus d'alarmes,
　　　Venez, etc.

7. Si vous venez en ces bas lieux,
Nous vous verrons victorieux,
Fermer l'enfer, ouvrir les cieux :
Nous l'espérons sans cesse,
Les cieux nous furent destinés :
Tenez votre promesse,
Venez, etc.

8. Ah ! puissions-nous chanter un jour,
Dans votre bienheureuse cour,
Et votre gloire et votre amour !
C'est-là l'heureux partage
De ceux que vous prédestinez ;
Donnez-nous-en le gage.
Venez, etc.

NOEL. (Air : N.° 69.)

1. Dieu, sensible à nos larmes,
Nous accorde un Sauveur :
Aux cruelles alarmes
Succède le bonheur.

Chœur. Gloire au plus haut des cieux,
Au Dieu des bienheureux,
Et paix, en ces bas lieux,
A tout mortel pieux.

2. Qu'entends-je ? et quelle ivresse ?
Quels sont ces doux concerts !
Le chant de l'allégresse
Retentit dans les airs *Refr.*

3. C'est la troupe des anges
   Qui dit : Paix aux mortels ;
   Amour, honneur, louanges
   Et gloire à l'Eternel.   *Refr.*

4. Aux cieux s'unit la terre ;
   J'entends de nouveaux chœurs :
   O maître du tonnerre !
   Ce sont d'humbles pasteurs.   *Refr.*

5. Ah ! les esprits célestes
   Me montrent l'Eternel,
   Et les bergers modestes,
   L'homme faible et mortel.   *Refr.*

6. Avec la troupe aimable
   Allons vers l'Enfant-Dieu,
   Entrons dans cette étable.
   Ah ! que vois-je en ce lieu ?   *Refr.*

7. Une crèche, des langes !
   Un enfant tout en pleurs !
   Est-ce le roi des Anges !
   Est-ce là mon Sauveur ?   *Refr.*

8. La douleur, les souffrances
   Entourent son berceau ;
   Et, fruits de nos offenses,
   Le suivront au tombeau.   *Refr.*

9. Bergers, c'est votre maître ;
   Anges, c'est votre Dieu :
   C'est lui qui donna l'être
   Au soleil radieux.   *Refr.*

10. C'est le Dieu de la guerre,
 Le prince de la paix ;
 Il commande au tonnerre,
 Il commande à jamais.   *Refr.*

11. Viens, reprends la couronne.
 Sion, sainte cité,
 Ne crains plus Babylone,
 Son trône est renversé.   *Refr.*

MÊME SUJET, (AIR : N.º 70.)

1. Que j'aime ce divin enfant   *bis.*
 Qu'en cet état il est charmant !
  Je l'aime, je l'aime.
  O l'adorable enfant !
  C'est l'amour même.

2. Son amour l'a nommé Jésus,
 C'est le modèle des Elus,
  Je l'aime, je l'aime :
  Imitons ses vertus,
  C'est l'amour même.

3. Au milieu d'un pauvre appareil   *bis.*
 Il est plus beau que le soleil.
  Je l'aime, je l'aime,
  C'est l'astre sans pareil, etc.

4. Le Ciel admire sa beauté,   *bis.*
 L'ange adore sa majesté.
  Je l'aime, je l'aime.
  Bénissons sa bonté, etc.

5. Quoique logé très-pauvrement,   *bis.*
 Il ne se plaint aucunement.

   Je l'aime, je l'aime,
  Oh! qu'il est patient, etc.

6. Quel exemple de pauvreté,   *bis*
De souffrance et d'humilité!
  Je l'aime, je l'aime.
  Quel excès de bonté, etc.

7. C'est ici le Dieu Tout-Puissant, *bis*
Qui vient me sauver en naissant.
  Je l'aime, je l'aime.
  O le Dieu bienfaisant, etc.

8. Qui n'aimerait ce bien-aimé,   *bis*.
Ce Jésus qui m'a tant aimé!
  Je l'aime, je l'aime,
  Je l'aime, et l'aimerai, etc.

9. C'est mon Dieu, mon maître et mon roi *b*.
C'est mon espérance et ma foi.
  Je l'aime, je l'aime
  C'est là toute ma loi, etc.

10. C'est mon frère et mon redempteur, *b*.
C'est l'espoir du pauvre pécheur;
  Je l'aime, je l'aime,
  C'est l'ami de mon cœur, etc.

11. Anges, ne soyez point jaloux,   *bis*.
Si je le dispute avec vous.
  Je l'aime, je l'aime:
  C'est mon divin Epoux, etc.

12. Je trouve en lui tout mon bonheur, *b*.
Il m'échauffe de son ardeur.
  Je l'aime, je l'aime:
  Il a ravi mon cœur, etc.

13. Quel prodige de sainteté ! bis.
Quel abîme de charité !
Je l'aime, je l'aime :
C'est le Dieu de bonté, etc.

14. C'est mon Jésus, c'est mon sauveur ; bis.
Dans ce saint nom quelle douceur !
Je l'aime, je l'aime :
C'est le Dieu de mon cœur, etc.

15. Anges qui lui faites la cour, bis.
Embrasez-moi de votre amour :
Je l'aime, je l'aime :
Pour chanter nuit et jour, etc.

16. Vive le saint Enfant Jésus ! bis.
C'est le bel amour des élus.
Je l'aime, je l'aime :
C'est mon tout et rien de plus ;
C'est l'amour même.

LA PASSION DE JESUS-CHRIST.

(AIR : N.º 71.)

1. Au sang qu'un Dieu va répandre,
Ah ! mêlez du moins vos pleurs,
Chrétiens, qui venez entendre
Le récit de ses douleurs,
Puisque c'est pour vos offenses
Que ce Dieu souffre aujourd'hui,
Animés par ses souffrances,
Vivez et mourez pour lui.

2. Dans un jardin solitaire
Il sent de rudes combats ;
Il prie, il craint, il espère,
Son cœur veut, et ne veut pas.
Tantôt la crainte est plus forte,
Tantôt l'amour est plus fort ;
Mais enfin l'amour l'emporte,
Il se soumet à la mort.

3. Judas, que la fureur guide,
L'aborde d'un air soumis ;
Il l'embrasse, et ce perfide
Le livre à ses ennemis.
Judas, un pécheur t'imite,
Quand il feint de l'apaiser ;
Souvent sa bouche hypocrite
Le trahit par un baiser.

4. On l'abandonne à la rage
De cent tigres inhumains,
Sur son aimable visage
Les soldat portent les mains.
Vous deviez, Anges fidèles,
Témoins de ces attentats,
Ou le mettre sous vos ailes,
Ou frapper tout ces ingrats.

5. Ils le traînent au Grand-Prêtre,
Qui seconde leur fureur,
Et ne veut le reconnaître
Que pour un blasphémateur !
Quand il jugera la terre,
Le Sauveur aura son tour ;
Aux éclats de son tonnerre
Tu le connaîtras un jour.

6. Tandis qu'il se sacrifie,
Tout conspire à l'outrager ;
Pierre lui-même l'oublie,
Et le traite d'étranger.
Mais Jésus perce son âme
D'un regard tendre et vainqueur,
Et met, d'un seul trait de flamme,
Le repentir dans son cœur.

7. Chez Pilate, on le compare
Au dernier des scélérats ;
Qu'entends-je, ô peuple barbare !
Tes cris sont pour Barrabas !
Quelle indigne préférence !
Le juste est abandonné ;
On condamne l'innocence,
Et le crime est pardonné.

8. On le dépouille, on l'attache ;
Chacun arme son courroux :
Je vois cet Agneau sans tache
Tombant presque sous les coups.
C'est à nous d'être victimes :
Arrêtez, cruels bourreaux !
C'est pour effacer nos crimes
Que son sang coule à grand flots.

9. Une couronne cruelle
Perce son auguste front :
A ce chef, à ce modèle,
Mondains, vous faites affront ;
Il languit dans les supplices,
C'est un homme de douleurs ;
Vous vivez dans les délices,
Vous vous couronnez de fleurs.

10. Il marche, il monte au Calvaire,
Chargé d'un infâme bois.
De-là, comme d'une chaire,
Il fait entendre sa voix :
Ciel, dérobe à la vengeance
Ceux qui n'osent outrager ;
C'est ainsi, quand on l'offense,
Qu'un Chrétien doit se venger.

11. Une troupe mutinée,
L'insulte et crie à l'envi :
Qu'il change sa destinée,
Alors nous croirons en lui !
Il peut la changer sans peine,
Malgré vos nœuds et vos clous ;
Mais le nœud seul qui l'enchaîne,
C'est l'amour qu'il a pour nous.

12. Ah ! de ce lit de souffrance,
Seigneur, ne descendez pas ;
Suspendez votre puissance,
Restez-y jusqu'au trépas :
Mais tenez votre promesse,
Attirez-nous près de vous ;
Pour prix de votre tendresse,
Puissions-nous y mourir tous !

13. Il expire, et la nature
Dans lui pleure son Auteur ;
Il n'est point de créature
Qui ne marque sa douleur :
Un spectacle si terrible
Ne pourra-t-il me toucher ?
Et serai-je moins sensible
Que n'est le plus dur rocher,

LA RESURRECTION DE JÉSUS-CHRIST.

(AIR : N.º 72.)

1. Jésus paraît en vainqueur :
Sa bonté, sa douceur
Est égale à sa grandeur;
Jésus paraît en vainqueur;
Aujourd'hui donnons-lui notre cœur.
Malgré nos forfaits,
Ses divins bienfaits,
Ses charmans attraits,
Ne nous parlent que de paix.
Pleurons nos forfaits,
Chantons ses bienfaits;
Rendons-nous à ses charmans attraits.

2. Chrétiens, joignez vos concerts;
Jésus chargé de fers,
La mort, fille des enfers.
Chrétiens, joignez vos concerts;
Que son nom réjouisse les airs.
Juste ciel! quel choix!
Quoi! le roi des rois
A dû, sur la croix,
Au ciel acquérir des droits!
Embrassons la croix,
Que ce libre choix,
Au ciel assure à jamais nos droits.

3. Je vois la mort sans effroi;
Mon Seigneur et mon roi
En a triomphé pour moi.
Je vois la mort sans effroi;

Ce mystère est l'appui de ma foi.
Ah ! si tour à tour
Lâche et sans amour,
Jusques à ce jour,
Je n'ai payé nul retour ;
Du moins dès ce jour,
Ah ! pour tant d'amour
Je veux payer un juste retour.

4. Il va descendre des cieux ;
Ce Sauveur glorieux
Va s'abaisser en ces lieux.
Il va descendre des cieux :
Que nos cœurs brûlent des plus doux feux !
Au jour des douleurs ;
Pleins de nos malheurs,
Nous portions des cœurs
Qu'avaient amollis ses pleurs.
Ah ! plus de douleurs,
A ses pieds vainqueurs,
A pleines mains répandons des fleurs.

Pour le jour de l'Ascension.

Sainte Cité, *page* 21

Pour le jour de la Pentecôte.

Quel feu s'allume dans, *page* 109.

Pour le jour du Saint-Sacrement.

Quel noble feu, *page* 92.

POUR LA PROCESSION DU St-SACREMENT.

(AIR : N.º 111.)

1. Chère Sion, pousse un cri d'allégresse,
Le Dieu d'amour sort en triomphateur ;
Lui-même, il vient, conduit par sa tendresse,
De ses enfants solliciter l'ardeur.
 Décorons son passage ;
 Que tout lui rende hommage ;
Faisons vers lui voler, avec ces fleurs,
Nos chants joyeux, notre encens et nos cœurs.

2. Nouveau soleil que le monde contemple,
Qu'avec éclat de ton repos tu sors !
Viens ! L'univers en ce jour est ton temple,
De tes enfans recueille les transports,
 Toute la terre émue
 Se ranime à sa vue. Faisons, etc.

3. Roi bienfaisant, son peuple l'environne,
Il suit partout ses lévites heureux ;
Ici l'amour vient d'élever un trône,
Il daigne encore y recevoir nos vœux.
 Priez, troupe fidèle,
 Et pleins d'un nouveau zèle, Faisons, etc.

4. Reconnaissons le Dieu de la nature,
En lui payant le tribut de ses dons ;
Ces tendres fleurs, cette aimable verdure
Sont ses présens, et nous les lui rendons.
 Peut-on trouver un gage
 Qui ne soit son ouvrages ? Faisons, etc.

5. Oui, c'est l'amour qui, dans ce doux mystère,
Voile d'un Dieu la haute majesté;
Oui, c'est encor l'amour qui nous éclaire,
Et nous fait voir l'invisible beauté,
  O charité suprême!
    On te croit lorsqu'on t'aime. Faisons, etc.

6. O roi du ciel, ô maître de la terre!
Nous t'adorons avec ravissement;
Qui n'aimerait un si généreux père;
Un Dieu si bon, un maître si charmant?
  Ah! descends dans nos âmes;
  Brûle-les de tes flammes,
Et qu'à jamais nous puissions, doux Sauveur,
T'offrir nos chants, notre encens, notre cœur.

POUR LA FÊTE DU SACRÉ-CŒUR DE JÉSUS. (AIR: N.ᵒˢ 73 et 74.)

1. Cœur de Jésus, Cœur à jamais aimable!
Cœur digne d'être à jamais adoré!
Ouvre à mon cœur un accès favorable;
Bénis ce chant (*bis*) que je t'ai consacré:
Aide ma voix (*bis*), à louer ta puissance,
Ta vive ardeur (*bis*) tes charmes, tes attraits,
Tes saints soupirs, tes transports, ta clémence,
Ton tendre amour, l'excès de tes bienfaits. *bis.*

2. O divin Cœur! ô source intarissable
De tous vrais biens, de douceur, de bonté!
Tu réunis dans ton centre adorable
Tous les trésors (*bis*) de la Divinité:
Maître des dons (*bis*) de sa magnificence,

Arbitre seul (*bis*) des célestes faveurs,
Cœur plein d'amour, tu mets ta complaisance
A les répandre, à les voir dans nos cœurs. *bis*.

3. Quand Jésus suit la brebis infidèle,
Son cœur conduit et fait hâter ses pas ;
Quand il reçoit un fils ingrat, rebelle,
Son cœur étend (*bis*) et resserre ses bras ;
Quand à ses pieds (*bis*) la femme pénitente
Vient déposer (*bis*) ses pleurs et ses regrets,
Quand il la voit fidèle et repentante,
Il l'enrichit de ses plus doux bienfaits. *bis*.

4. C'est dans ce cœur, de tous les cœurs l'asile,
Que l'âme tiède excite sa langueur,
Que le pécheur a son pardon facile,
Que le fervent (*bis*) enflamme son ardeur.
Le cœur plongé (*bis*) dans le sein des disgrâces
Trouve dans lui (*bis*) l'oubli de sa douleur,
Et le cœur faible, une source de grâces
Qui le remplit de force et de vigueur. *bis*.

5. Jardin sacré, vous, ô montagne sainte !
Tristes témoins de Jésus affligé ;
Apprenez-nous dans quel excès de crainte,
Dans quels ennuis (*bis*) Jésus était plongé,
Quand de la mort (*bis*) sentant la vive atteinte ;
Et tout le poids (*bis*) du céleste courroux,
Ce Dieu d'amour voyait la terre teinte
Des flots de sang qu'il répandait pour nous. *bis*.

6. Ce fut son Cœur qui, d'un amer calice,
Lui fit pour nous accepter les rigueurs,
Et qui pour nous l'offrit à la malice,
A tous les traits (*bis*) de ses persécuteurs ;

Si sur la croix *(bis)* Jésus daigne s'étendre,
Son Cœur l'y fixe *(bis)*, et s'il daigne y mourir,
Ah! c'est encor ce Cœur, pour nous si tendre,
Qui nous fait don de son dernier soupir. *bis.*

MÊME SUJET. (AIR : N.° 15.)

1. Perçant les voiles de l'aurore,
   Le jour apparaît dans les cieux :
   Ainsi, cœur sacré que j'adore,
Tout rayonnant d'amour, tu viens frapper mes yeux.
   Séraphins, à ce Roi suprême
   Souffrez que j'offre vos ardeurs :
   Pour aimer Jésus comme il aime,
Faibles mortels, c'est trop peu de nos cœurs.

2. Toujours dans cet heureux asile
   Jésus fixera son séjour :
   Venez, peuple tendre et docile,
Venez donner vos cœurs au cœur du Dieu d'amour.
   Séraphins, etc.

3. Ce cœur généreux, magnanime,
   Du ciel irrité contre nous
   Voulut devenir la victime,
Et nous mettre à l'abri des traits de son courroux.
   Séraphins, etc.

4. Des instrumens de son supplice
   Il dresse un trophée en ce jour :
   Quel noble et touchant artifice
Pour captiver nos cœurs, les gagner sans retour.
   Séraphins, etc

5. Contemplez la croix qui s'élève
Du cœur entr'ouvert de Jésus ;
Le sang de Jésus est la sève
Qui fait croître et fleurir cet arbre des élus.
Séraphins, etc.

6. Sondez la profonde blessure
D'où des flots de sang ont coulé :
C'est là qu'attendri je mesure
A quel excès d'amour Jésus s'est immolé.
Séraphins, etc.

7. Comptez ces épines cruelles,
Jésus en soutient les rigueurs ;
A leur aspect, âmes charnelles,
Oseriez-vous encor vous couronner de fleurs ?
Séraphins, etc.

8. Que vois-je ? des torrens de flamme
S'élancent du cœur de mon Dieu !
Amour, oui c'est toi qui l'enflamme :
Ah ! partout en ces lieux répands un si beau feu.
Séraphins, etc.

9. Autour de ce cœur, ô saints Anges !
Tremblans et joyeux à la fois,
Chantez, célébrez ses louanges,
A vos chants s'uniront et nos cœurs et nos voix.
Séraphins, etc.

10. O cœur, notre unique espérance,
Couronne en ce jour tes bienfaits.
Deviens le salut de la France,
Et force tous les cœurs de t'aimer à jamais.
Séraphins, etc.

POUR LES FÊTES DE LA Ste VIERGE.
(AIR : N.º 75.)

1. Vous qu'en ces lieux combla de ses bienfaits
   Une Mère auguste et chérie ;
Enfants de Dieu, que vos chants à jamais
   Exaltent le nom de Marie. *bis.*
Je vois monter tous les vœux des mortels
   Vers le trône de sa clémence ;
Tout à sa gloire élève des autels
   Des mains de la reconnaissance.
Nous qu'en ces lieux combla de ses bienfaits
   Une Mère auguste et chérie,
Enfants de Dieu, que nos chants à jamais
   Exaltent le nom de Marie. *bis.*

2. Ici, sa voix puissante sur nos cœurs
   A la vertu nous encourage,
Sur le saint joug elle répand des fleurs,
   Notre innocence est son ouvrage. *bis.*
Si le lion rugit autour de nous,
   Elle étend son bras tutélaire ;
L'enfer frémit d'un impuissant courroux,
   Et le ciel sourit à la terre.
      Nous qu'en, etc.

3. Quand le chagrin de ces traits acérés
      Blesse nos cœurs et les déchire,
Sensible Mère, elle est à nos côtés,
      Avec nos cœurs le sien soupire. *bis.*
Combien de fois sa prévoyante main
   De l'ennemi rompit la trame ;

Nous la prions, et nous sentons soudain
　　La paix renaître dans notre âme.
　　　　Nous qu'en, etc.

4. Battu des flots, vient jouet du trépas,
　　La foudre grondant sur la tête,
Le nautonnier se jette entre ses bras,
　　L'invoque et voit fuir la tempête. *bis.*
Tel le chrétien sur ce monde orageux,
　　Craint toujours un triste naufrage ;
Mais à Marie adresse-t-il ses vœux,
　　Il aborde en paix au rivage.
　　　　Nous qu'en, etc.

5. Heureux celui qui, dès ses premiers ans,
　　Mit tout son bonheur à lui plaire,
Heureux ceux qu'elle adopta pour enfants :
　　La Reine des cieux est leur mère. *bis.*
Oui, sa bonté se plaît à secourir
　　Un cœur confiant qui la prie.
Siècles, parlez..... vit-on jamais périr
　　Un vrai serviteur de Marie ?
　　　　Nous qu'en, etc.

6. Vos fronts, pécheur, pâlissent, abattus
　　A l'aspect du souverain Juge.
Ah ! si Marie est reine des vertus,
　　Des pécheurs, elle est le refuge. *bis.*
Déposez donc en son sein maternel,
　　Votre repentir et vos larmes.
Elle priera !... des mains de l'Eternel
　　Bientôt s'échapperont les armes.
　　　　Nous qu'en, etc.

7. Si vous avez, dans toute sa fraîcheur,
        Conservé la tendre innocence,
    Ah ! votre Mère en a sauvé la fleur ;
        Elle vous garda dès l'enfance.   bis.
    A son autel venez, enfants chéris,
        Savourer des saintes délices ;
    Consacrez-lui vos cœurs et vos esprits,
        Elle en mérite les prémices.
        Nous qu'en, etc.

8. Temple divin, sanctuaire béni !
        Faut-il donc quitter ton enceinte !
    Faut-il aller de ce monde ennemi
        Braver la meurtrière atteinte !   bis.
    Tendre Marie ! ah ! nous allons périr,
        Le scandale inonde la terre ;
    Veillez sur nous, daignez nous secourir,
        Montrez-vous toujours notre Mère.
        Nous qu'en, etc.

NATIVITÉ DE LA SAINTE VIERGE.

(AIR : N.º 134.)

1. De tes enfans reçois l'hommage,
    Prêtez l'oreille à leurs accens ;
    Seigneur, c'est ton plus noble ouvrage
    Qu'ils vont célébrer dans leurs chants
    Ranimé par ta main puissante,
    Plein d'un espoir consolateur,
    David de sa tige mourante
    Voit germer la plus belle fleur.
    Pleine de grâce, ô Reine incomparable !

L'honneur, la gloire et l'appui d'Israël,
Jetez sur nous un regard favorable ;
De cet exil conduisez-nous au ciel.

2. Des ennuis, des maux, des alarmes
   Cette terre était le séjour ;
   Mais le ciel, pour tarir nos larmes,
   Nous donne une mère en ce jour
   Chantons cette mère chérie,
   Offrons-lui le don de nos cœurs,
   Qu'avec nous l'univers publie
   Et ses beautés et ses grandeurs.
      Pleine de grâce, etc.

3. O ! quand disparaîtront les ombres
   Qui la couvre de toutes parts ?
   Fuyez, fuyez, nuages sombres
   Qui la voilez à nos regards.
   Verse des torrens de lumière
   Sur Sion et ses habitans,
   Etoile bienfaisante !.... éclaire
   Et guide leurs pas chancelans.
      Pleine de grâce, etc.

4. Déjà la paix et la justice,
   Ceintes d'un éclat immortel,
   A ses pieds enchaînant le vice,
   Cimentent un pacte éternel ;
   Et sur sa lyre prophétique,
   Isaïe, encore une fois,
   Redit son sublime cantique
   A la mère du Roi des rois.
      Pleine de grâce, etc.

5. Elle est pure comme l'aurore
Qui luit dans un brillant lointain ;
Comme le lis qu'on voit éclore
Dans la fraîcheur d'un beau matin :
Et jusqu'aux source de la vie,
Par un prodige sans égal,
Son âme ne fut point flétrie
Du souffle empoisonné du mal.
  Pleine de grâce, etc.

6. Ainsi qu'un palmier solitaire,
Qui croît sur le courant des eaux,
Et tous les ans donne à la terre
Des fleurs avec des fruits nouveaux ;
Ainsi, loin du monde volage,
Il croîtra, cet enfant divin,
Et tous les peuples, d'âge en âge,
Bénirons le fruit de son sein.
  Pleine de grâce, etc.

CONSECRATION A LA SAINTE VIERGE.
(Air : N.º 76.)

1. Je veux célébrer par mes louanges
La gloire de la Reine des cieux,
Et m'unissant au concert des anges,
Je m'engage à la chanter comme eux.
  Je m'engage, etc.

2. Sur vos pas, ô divine Marie !
Plus heureux qu'à la suite des rois,
Dès ce jour et pour toute ma vie,
Je m'engage à vivre sous vos lois.
  Je m'engage, etc.

3. Si, du monde écoutant le langage,
Du plaisir j'ai cherché les attraits,
A vous posséder seule en partage,
Je m'engage aujourd'hui pour jamais.
Je m'engage, etc.

4. Admire ton bonheur, ô mon âme !
Le ciel même en doit être jaloux,
Puisqu'en suivant l'ardeur qui t'enflamme
Je m'engage aux devoirs les plus doux.
Je m'engage, etc.

5. Par un culte constant et sincère,
Par un vif et généreux amour,
A servir, à chérir une Mère,
Je m'engage aujourd'hui sans retour.
Je m'engage, etc.

6. Mais si je veux lui marquer mon zèle,
Et participer à son bonheur,
Il faut qu'à suivre en tout ce modèle
Je m'engage et d'esprit et de cœur.
Je m'engage, etc.

7. Mère sensible et compatissante,
Soutenez, au milieu des combats,
Les efforts d'une âme pénitente,
Qui s'engage à marcher sur vos pas.
Qui s'engage, etc.

8. Tu n'es plus qu'une terre étrangère
Pour moi, monde volage et trompeur :
Je ne veux plus servir que ma Mère
Qui s'engage à faire mon bonheur.
Qui s'engage, etc.

9. Unissez vos voix, peuple fidèle ;
Aux accords des esprit bienheureux ;
Pour chanter les louanges de celle
Qui s'engage à combler tous nos vœux.
Qui s'engage, etc.

MÊME SUJET. (AIR : N.° 77.)

1. Sion, de ta mélodie
Cesse les divins accords ;
Laisse-nous près de Marie,
Faire éclater nos transports ;
La reine que tu révères,
Le digne objet de tes chants ;
Apprends qu'elle est notre mère
Et fais place à ses enfants.

2. Mais comment de cette enceinte
Percer les voûtes des cieux !
Descends plutôt, Vierge sainte,
Et viens régner en ces lieux !
Viens d'un exil trop sévère
Adoucir les longs tourmens :
Ta présence, auguste Mère,
Sera chère à tes enfans.

3. Pour toi nous sentons nos âmes
Brûler en ce divin jour,
Des plus innocentes flammes,
Du plus généreux amour.
Ah ! puissions-nous à te plaire
Consacrer tous nos instans,
Et prouver à notre mère
Que nous sommes ses enfants !

4. Sur tes autels, ô Marie !
Tous d'une commune voix ;
Nous jurons toute la vie,
D'être soumis à tes lois.
De notre hommage sincère
Puissent ces faibles garans
Flatter notre tendre mère :
C'est le vœu de ses enfants.

BONHEUR DE SERVIR MARIE.

(AIR : N.° 78.)

1. Heureux qui, dès le premier âge,
Honorant la Reine des Cieux,
Fuit les dons qu'un monde volage,
Etale avec pompe à ses yeux !
Qu'on est heureux sous son empire,
Qu'un cœur pur y trouve d'attraits !
Tout y ressent, tout y respire
L'amour, l'innocence et la paix.

2. Mondain, ta grandeur tout entière,
S'anéantit dans le tombeau ;
L'instant où finit ta carrière
Du Juste est l'instant le plus beau.
La paix règne sur son visage,
Son cœur est embrasé d'amour ;
Sa vie a coulé sans nuage,
Sa mort est le soir d'un beau jour.

3. Comme un rocher qui d'âge en âge,
Battu par les flots agités,
Brave la fureur de l'orage
Et l'effort des vents irrités ;
Le vrai serviteur de Marie,
Sûr à jamais de son appui,
Brave l'impuissante furie
De l'enfer armé contre lui.

4. Mais l'éclat d'un monde volage
Séduit-il nos faibles esprits :
Elle dédaigne notre hommage,
Et le repousse avec mépris.
Dès lors que notre âme est charmée
Des biens fragiles et mortels,
Notre encens n'est qu'une fumée,
Qui déshonore ses autels.

5. Comment, avec un cœur profane,
Le pécheur, malgré ses forfaits,
De la vertu qui le condamne,
Ose-t-il chanter les attraits ?
Dans son âme impure et flétrie,
Nourissant un feu criminel,
Comment ose-t-il à Marie
Jurer un amour éternel ?

6. Régnez, Vierge sainte, en notre âme ;
Vous y ferez régner la paix.
Gravez dans nous en traits de flamme
Le souvenir de vos bienfaits.
Mettez à l'ombre de vos ailes
Ces cœurs qui vous sont consacrés,
Vers les demeures éternelles
Guidez nos pas mal assurés.

IMMACULÉE CONCEPTION.

(AIR : N.º 79.)

1. Enfin de son tonnerre
Dieu dépose les traits,
Et Marie à la terre
Vient annoncer la paix.
Ainsi quand sa vengeance
Eclate dans les airs,
L'arc de son alliance
Rassure l'univers.

2. Qu'elle est touchante et pure !
Le lis qu'ont embelli
Les mains de la nature,
Auprès d'elle est flétri :
Les rayons de l'aurore,
Les feux du plus beau jour
Sont biens moins purs encore
Que ceux de son amour.

3. En vain Satan murmure
Et réclame ses droits,
Sur cette créature
Dieu seul étend ses lois ;
Rien dans ce sanctuaire
Ne blessera ses yeux,
Et le sein de sa mère
Est pur comme les cieux.

4. D'une tige flétrie
Trop heureux rejeton,

Tu trompes, ô Marie
La fureur du démon :
Il faut, le ciel l'ordonne,
Que, malgré sa fierté,
Sa tête de ton trône
Soit le premier degré.

5. Les anges à Marie
Consacrent leur amour,
De leur Reine chérie
Ils préparent la cour ;
L'homme dans sa misère
La demande, et les cieux
Disputent à la terre
Ce trésor précieux.

6. Venez Auguste Reine
L'univers en suspens
Attend sa souveraine ;
Venez à vos enfants
Préparer la victoire
Sur l'enfer en courroux,
Pour qu'un jour, dans la gloire,
Il règnent avec vous.

AU COEUR DE MARIE.
(AIRS : N.ᵒˢ 109 et 79.)

1. Cœur sacré de Marie,
Cœur tout brûlant d'amour,
Cœur que la terre envie
Au céleste séjour.

Communique à nos âmes
Un rayon de ce feu ;
De ces divines flammes   } bis.
Dont tu brûlas pour Dieu.

2. Sanctuaire ineffable
Où reposa Jésus,
O source intarissable
De toutes les vertus !
Percé sur le Calvaire
D'un glaive de douleurs,
Tu ne vois sur la terre   } bis.
Que mépris, que froideurs.

3. Cœur tendre, cœur aimable,
Des pécheurs le secours !
Leur malice exécrable
Te perce tous les jours.
Ah ! puissent nos hommages
Réparer aujourd'hui
Tant de sanglans outrages   } bis.
Qu'on te fait à l'envi.

4. Montre-toi notre mère ;
De tes enfans chéris
Reçois l'humble prière
Pour l'offrir à ton fils.
Conduis-nous sous ton aile
Jusqu'au cœur de Jésus :
Une mère peut-elle   } bis.
Essuyer un refus ?

INVOCATION A MARIE.

(Air : N.º 111.)

1. Je vous salue, auguste et sainte Reine,
Dont la beauté ravit les immortels !
Mère de grâce, aimable souveraine,
Je me prosterne aux pieds de vos autels.
  O divine Marie !
  Mère tendre et chérie !
Amour, amour, c'est le cri de nos cœurs :
Reçois nos vœux, comble-nous de faveurs.

2. Je vous salue, ô divine Marie !
Vous méritez l'hommage de nos cœurs ;
Après Jésus, vous êtes et la vie,
Et le refuge, et l'espoir des pécheurs.
  O divine, etc.

3. Fils malheureux d'une coupable mère,
Bannis du ciel, les yeux baignés de pleurs,
Nous vous faisons, en ce lieu de misère,
Par nos soupirs, entendre nos douleurs.
  O divine, etc.

4. Ecoutez-nous, puissante protectrice,
Tournez sur nous vos yeux compatissans ;
Et montrez-nous, qu'à nos malheurs propice,
Du haut des cieux vous aimez vos enfans.
  O divine, etc.

5. O douce, ô tendre, ô pieuse Marie ;
O vous de qui Jésus reçut le jour !
Faites qu'après l'exil de cette vie,
Nous le voyions dans l'éternel séjour.
  O divine, etc.

ASSOMPTION DE LA SAINTE VIERGE.

(AIR: Nº 3.)

1. Triomphons, notre mère est au sein de la gloire,
  Jusques aux cieux où son trône est porté ;
  Le seul espoir dont son cœur est flatté,
Est de voir ses enfans partager sa victoire.
  Reine des cieux, de vos enfans
  Reconnaissez, écoutez le langage ;
Ils osent de leur cœur vous présenter l'hommage,
  Vous exprimer leurs sentimens.
  Guidés par la reconnaissance,
  Il vous consacrent leur enfance ;
  Toujours vous plaire est leur désir,
  Vous aimer fait leur seul plaisir.
  Triomphons, etc.

2. C'est dans son cœur que désormais,
  Pour être heureux, j'ai fait choix d'un asile ;
Mes jours sont plus sereins, mon âme est plus
  tranquille,
  Et mon esprit goûte la paix.
  Dans cette aimable solitude,
  L'aimer est mon unique étude ;
  Son tendre cœur fut mon berceau,
  Dans son cœur sera mon tombeau.
  Triomphons, etc.

3. Quand verrons-nous cet heureux jour
  Où ses enfans recevront leur couronne ?
C'est sa bonté pour eux, c'est son cœur qui la donne,
  Elle est le prix de leur amour.
  Dans cette attente, je soupire ;

Au bonheur céleste j'aspire.
Désir toujours cher à mon cœur ;
Doux espoir, soutiens mon ardeur.
Triomphons, etc.

SOUPIRS DES AMES DANS LE PURGATOIRE.

(Airs : N.os 80 et 126.)

1. Au fond des brûlans abîmes
Nous gémissons, nous pleurons ;
Et, pour expier nos crimes,
Loin de Dieu nous y souffrons.
Hélas ! hélas !
Feu vengeur, de tes victimes
Les pleurs ne t'éteignent pas.
Hélas ! hélas !

2. A l'aspect de nos supplices,
Chrétiens, attendrissez-vous :
A nos maux soyez propices,
O nos frères ! sauvez-nous.
Hélas ! hélas !
Le Ciel, sans vos sacrifices,
Ne les abrégera pas.
Hélas ! hélas !

3. De ces flammes dévorantes
Vous pouvez nous arracher :
Hâtez-vous, âmes ferventes,
Dieu se laissera toucher.
Hélas ! hélas !
De ces peines si cuisantes
La fin ne vient-elle pas ?
Hélas ! hélas !

4. Grand Dieu, de votre justice
Désarmez le bras vengeur,
Que notre malheur finisse
Par le sang d'un Dieu Sauveur.
  Hélas ! hélas !
Votre main libératrice
Ne s'étendra-t-elle pas ?
  Hélas ! hélas !

EN L'HONNEUR DE LOUIS DE GONZAGUE.
(Air : N.° 81.)

1. Heureux enfans ! accourez tous ;
A Louis venez rendre hommage,
De vos amis c'est le plus doux.
Heureux enfans, accourez tous ;
A son culte consacrez-vous
Il est le patron de votre âge. } bis.

2. Astre brillant dès son matin,
Son lever n'a point eu d'aurore :
Et Dieu le conduit par la main.
Astre brillant dès son matin,
Bientôt il touche à son déclin,
Plus grand, plus radieux encore.

3. Pour lui tout n'est que vanité,
Il foule aux pieds le diadême,
Jeunesse, esprit, talens, beauté,
Pour lui tout n'est que vanité ;
Son unique félicité
Est de jouir du Dieu qu'il aime.

4. Il prend Dieu seul pour son appui,
De la foi vive qui l'anime,
Où trouver l'exemple aujourd'hui?
Il prend Dieu seul pour son appui;
Et de l'amour qu'il a pour lui
Bientôt il devient la victime.

5. Montez au ciel, enfant d'amour;
Allez régner avec les anges;
Quittez ce terrestre séjour,
Montez au ciel, enfant d'amour;
Que les mortels en ce beau jour,
Célèbrent partout vos louanges.

6. Oui, Gonzague fut un martyr
Qui ne respirait que supplices;
Mort aux grandeurs, mort au plaisir,
Oui, Gonzague fut un martyr,
Mais l'amour qui le fit souffrir
Bientôt l'enivre de délice.

7. Portes de Sion, ouvrez-vous;
C'est Louis, enfant de Marie;
Ce trésor n'était plus pour nous,
Portes de Sion, ouvrez-vous;
Le ciel, de la terre jaloux,
Le rappelle dans sa patrie.

8. Aimable saint, priez pour nous;
Obtenez qu'en suivant vos traces,
Au ciel nous montions après vous
Aimable saint, priez pour nous;
Nous inplorons à vos genoux,
Le secours des célestes grâces.

AVANTAGES DE LA FERVEUR.
(AIR : N.° 82.)

1. Goûtez, âmes fervantes,
Goûtez votre bonheur;
Mais demeurez constantes
Dans votre sainte ardeur.
   Heureux le cœur fidèle
   Où règne la ferveur !
   On possède avec elle
   Tous les dons du Seigneur. *bis*.

2. Elle est le vrai partage
Et le sceau des élus ;
Elle est l'appui, le gage
Et l'âme des vertus.
   Heureux, etc.

3. Par elle la foi vive
S'allume dans les cœurs,
Et sa lumière active
Guide et règle nos mœurs.
   Heureux, etc.

4. Par elle l'espérance
Ranime ses soupirs,
Et croit jouir d'avance
Des célestes plaisirs.
   Heureux, etc.

5. Par elle dans les âmes,
S'accroît de jour en jour
L'activité des flammes
Du pur et saint amour.
   Heureux, etc.

6. C'est sa vertu puissante
   Qui garantit nos sens
   De l'amorce attrayante
   Des plaisirs séduisans.
       Heureux, etc.

7. C'est sous sa vigilance
   Que l'esprit et le cœur
   Conservent l'innocence
   Et l'aimable pudeur.
       Heureux, etc.

8. C'est elle, qui de l'âme,
   Dévoile la grandeur;
   Et le zèle s'enflamme
   Par sa brûlante ardeur.
       Heureux, etc.

9. De l'âme pénitente
   Elle adoucit les pleurs,
   Et de l'âme souffrante
   Elle éteint les douleurs.
       Heureux, etc.

10. Celui qui fut docile,
    A vivre sous ses lois,
    Courut d'un pas agile
    La route de la Croix.
        Heureux, etc.

11. Par elle du martyre
    Les sanglantes rigueurs
    Au cœur qui le désire
    N'offrent que des douceurs.
        Heureux, etc.

12 Elle est, pour qui seconde
 Ses généreux efforts,
 Une source féconde
 Des célestes trésors.
  Heureux, etc.

13. Une larme sincère,
 Un seul soupir du cœur,
 Par elle a de quoi plaire
 Aux yeux purs du Seigneur.
  Heureux, etc.

14. C'est elle qui prépare
 Tous ces traits de beauté,
 Dont la main de Dieu pare
 Les Saints dans sa clarté.
  Heureux, etc.

15. Sous ces heureux auspices,
 On goûte les bienfaits,
 Les charmes, les délices
 De la plus douce paix.
  Heureux, etc.

16. Mais, sans sa vive flamme,
 Tout déplaît, tout languit,
 Et la beauté de l'âme
 Se fane et dépérit.
  Heureux le cœur fidèle
  Où règne la ferveur;
  On a part avec elle
  Aux saints dons du Seigneur. *bis*.

7 *

FIDÉLITÉ A JÉSUS.

CHARMES DE LA RETRAITE.

(AIR N.º 83.)

1. Jésus charme ma solitude,
Et comble mes plus chers désirs ;
Toujours exempt d'inquiétude,
Je goûte les plus doux plaisirs.
   Si, dans mon ivresse,
Dieu d'amour, je vous méconnus,
Désormais je dirai sans cesse :
Vive Jésus ! vive Jésus !   bis.

2. Le monde est un climat sauvage,
Où j'ai trop long-temps habité.
Quel exil ! quel affreux rivage !
Quel asile d'impiété !
   Si, dans mon ivresse, etc.

3. Jésus me sera favorable,
Il m'assure de son secours.
Quel revers peut être capable
De troubler la paix de mes jours ?
   Si, dans mon ivresse, etc.

4. Je vois le ciel, la terre et l'onde ;
Remplis de son immensité ;
Et dans tous les climats du monde
Son Nom des peuples exalté.
   Si, dans mon ivresse, etc.

SENTIMENS

DE RECONNAISSANCE ET D'AMOUR. (AIR : N.º 84.)

1. Seigneur, dès ma première enfance,
Tu me prévins de tes bienfaits,
Heureux, si la reconnaissance,
Dans mon cœur les grave à jamais !
 Le monde (*bis*) trompeur et volage,
En vain m'offrirait sa faveur,
Je n'en veux point, tout mon partage
Est de n'aimer que le Seigneur.   *bis*.

2. Dieu règne en père dans mon âme,
Il en rempli tous les désirs ;
Et l'amour pur dont il m'enflamme
Vaut seul mieux que tous les plaisirs.
 Le monde, etc.

3. Si je m'égare, il me rappelle ;
Si je tombe, il me tend la main,
Il me protége sous son aile,
Même il me cache dans son sein.
 Le monde, etc.

4. Si je suis constant et fidèle
A conserver son saint amour,
Une récompense éternelle
M'attend dans son divin séjour.
 Le monde, etc.

LOUANGES A JÉSUS-CHRIST

DANS LE S.-SACREMENT DE L'AUTEL. (AIR : N.º 129.)

1. Allons parer le sanctuaire,
Ornons à l'envi nos autels :

Jésus, du sein de la lumière,
Descend au milieu des mortels.
Plus il s'abaisse,
Plus sa tendresse
Mérite un généreux retour.
A nos louanges,
O chœurs des anges,
Mêlez vos cantiques d'amour.

Chœur. Plus il s'abaisse, etc.

2. Baignons de pleurs l'auguste table
Où son sang coule encor pour nous,
Au pied de ce calvaire aimable,
Enfans de Dieu, prosternez-vous.
De sa justice,
Ce sacrifice
Arrête le bras irrité ;
Et sur le juste
Sa voix auguste
Du ciel appelle la bonté.

Chœur. De sa justice, etc.

3. Accourons tous à l'arche sainte,
Riches, ornez-la de présens ;
Nous, saisis d'amour et de crainte,
Portons-y des cœurs innocens.
L'or, la poussière,
Dieu de lumière,
Devant toi sont d'un même prix :
Un cœur qui t'aime,
Beauté suprême,
Voilà les dons que tu chéris.

Chœur. L'or, la poussière, etc.

PROTESTATION

DE N'ÊTRE QU'A JÉSUS-CHRIST. (AIR : N.º 144.)

1. Le monde, par mille artifices,
Cherche à captiver votre cœur ;
Jésus, pour faire son bonheur,
Vous en demande les prémices.
A qui votre cœur, en ce jour,
Donnera-t-il la préférence ?

Chœur. A Jésus seul tout mon amour :
Il veut être ma récompense.

2. De roses couronnant sa tête,
Le mondain, libre en ses désirs,
Compte ses jours par les plaisirs,
Se promène de fête en fête ;
Mais, dans l'éclat du plus beau jour,
Le remords le ronge en silence.

Chœur. A Jésus seul, etc.

3. Contemplez l'impie en délire,
Disputant son âme à son Dieu,
Le corps glacé, mais l'œil en feu :
Le blasphême en sa bouche expire
L'horreur de l'infernal séjour
Dans son cœur habite d'avance.

Chœur. A Jésus seul, etc.

4. Voilà donc les biens que tu donnes,
O monde, voilà donc ta paix !
La mort change en tristes cyprès
Les myrtes dont tu nous couronnes.
Ah ! reprends ton bonheur d'un jour,
Rends-moi l'immortelle espérance.

Chœur. A Jésus seul, etc.

5. Il viendra ce jour de victoire
 Où paraîtront tous les élus,
 Autour du trône de Jésus,
 Couronnés d'amour et de gloire.
 O doux moment ! bienheureux jour !
 Sois désormais mon espérance.
Chœur.   A Jésus seul, etc.

6. Il s'élève. Oh ! quelle lumière
 Luit sur le front des bienheureux !
 Ciel ! dans quel état glorieux
 Renaît une vile poussière.
 La croix brille enfin à son tour,
 La croix, mon unique espérance.
Chœur.   A Jésus seul, etc.

7. Dieu puissant, pour prix de son zèle,
 Fais alors que le bon pasteur
 Dans les plaines du vrai bonheur,
 Entre avec son troupeau fidèle.
 Là, tous rediront tour à tour,
 Transportés de reconnaissance
Chœur.   A Jésus seul, etc.

RENOUVELLEMENT
DES VŒUX DU BAPTÊME. (AIR : N.° 86.)

1. Quand l'eau sainte du baptême
 Coula sur vos fronts naissans,
 Et qu'un Dieu, la bonté même,
 Vous adopta pour enfans,
  Muets encore

D'autres promirent pour vous :
Aujourd'hui confessez tous
La foi dont un Chrétien s'honore.
  Foi de nos pères,
Notre règle et notre amour ;
Nous embrassons dans ce jour
Et ta morale et tes mystères.

2. En vain à ma foi soumise
S'oppose un orgueil trompeur :
Sur les traces de l'Eglise
Puis-je marcher dans l'erreur ?
  Trinité sainte,
Je te confesse et te crois,
Et je t'adore trois fois,
Pénétré d'amour et de crainte.
  Foi de nos pères, etc.

3. Annoncé par mille oracles,
Et de la terre l'espoir ;
L'Homme-Dieu par ses miracles
Fait éclater son pouvoir ;
  Victime pure,
Il triomphe du trépas ;
Et je n'adorerais pas
En lui l'auteur de la nature !
  Foi de nos pères, etc.

4. Que sa morale est sublime,
Que sa parole a d'attraits !
A tous les cœurs qu'il anime
Il en ouvre les secrets.
  Et l'on blasphême
Ce Dieu fait homme pour nous !

Ingrats tombez à genoux....
Voyez s'il mérite qu'on l'aime.
  Foi de vos pères, etc.

5. Par un funeste héritage,
Nos parens avec le jour,
Nous transmirent en partage
La haine d'un Dieu d'amour.
  J'implore et crie.....
Dieu s'offense de mes pleurs;
Mais Jésus a dit : Je meurs ;
Et sa mort me rend à la vie.
  Foi de nos pères, etc.

6. Ciel ! quelle robe éclatante !
Quel bain pur et bienfaisant :
Quelle parole puissante
D'un Dieu m'a rendu l'enfant !
  Je te baptise.....
Le Ciel s'ouvre, plus d'enfer,
Et des Anges le concert
M'introduit au sein de l'Eglise.
  Foi de nos pères, etc.

7. De quel œil de complaisance
Vous me vîtes, ô mon Dieu !
Quand, revêtu d'innocence !
On m'emporta du saint lieu !
  Pensée amère !
O beau jour trop tôt passé !
Hélas ! je me suis lassé,
Mon Dieu, de vous avoir pour père.
  Foi de nos pères, etc.

8. J'ai blessé votre tendresse,
Violé vos saintes lois ;
Vous me rappeliez sans cesse !
Je repoussais votre voix.
Ah ! si mes larmes
Ont mérité mon pardon ;
Seigneur, de votre maison
Je puis encor goûter les charmes.
Foi de nos pères, etc.

9. Loin de moi, monde profane ;
Fuis, ô plaisir séduisant !
L'Evangile vous condamne ;
Vous blessez en caressant.
Sous votre empire,
Mon Dieu, sont les vrais trésors :
Vos douceurs sont sans remords ;
C'est pour elles que je soupire.
Foi de nos pères, etc.

10. Loin de ces tentes coupables,
Où s'agite le pécheur,
Sous vos pavillons aimables
J'irai jouir du bonheur :
Avant l'aurore
Mon cœur vous appellera ;
Et quand le jour finira,
Mes chans vous béniront encore.
Foi de nos pères, etc.

MÊME SUJET. (AIR : N.° 76.)

1. J'engageai ma promesse au Baptême
Mais Pour moi d'autres firent serment :

Dans ce jour, je vais parler moi-même :
Je m'engage, aujourd'hui librement,
Je m'engage, je m'engage aujourd'hui librement,
Je m'engage, je m'engage aujourd'hui librement.

2. Je crois donc en un Dieu trois personnes :
De mon sang je signerais ma foi.
Faible esprit, vainement tu raisonnes,
Je m'engage à le croire et je crois ;
  Je m'engage, etc.

3. A la foi de ce premier mystère,
Je joindrai la foi d'un Dieu Sauveur ;
Sous les lois de l'Eglise, ma mère,
Je m'engage et d'esprit et de cœur.
  Je m'engage, etc.

4. Sur les fonts, dans cette eau salutaire,
Pour enfant Dieu daigna m'adopter ;
Si j'en ai souillé le caractère,
Je m'engage à le mieux respecter.
  Je m'engage, etc.

5. Je renonce aux pompes de ce monde,
A la chair, à tous ses vains attraits ;
Loin de moi, Satan, esprit immonde !
Je m'engage à te fuir pour jamais.
  Je m'engage, etc.

6. Faux plaisirs, source infâme de vices,
Trop long-temps vous fûtes mon amour ;
Je renonce à vos fausses délices ;
Je m'engage à Dieu seul sans retour.
  Je m'engage, etc.

7. Oui, mon Dieu, votre seul Évangile,
Règlera mon esprit et mes mœurs :

Dussiez-vous en frémir, chair fragile,
Je m'engage à toutes ses rigueurs.
   Je m'engage, etc.

8. Ah! Seigneur, qui sait bien vous connaître
Sent bientôt que votre joug est doux :
C'en est fait, je n'ai point d'autre maître,
Je m'engage à ne servir que vous.
   Je m'engage, etc.

9. Sur vos pas, ô mon divin modèle !
Plus heureux qu'à la suite des rois,
Plain d'horreur pour ce monde infidèle,
Je m'engage à porter votre croix.
   Je m'engage, etc.

10. Si le Ciel, d'un moment de souffrance
Doit, Seigneur, être le prix un jour,
Animé par cette récompense,
Je m'engage à tout pour votre amour.
   Je m'engage, etc.

11. C'est, mon Dieu, dans vous seul que j'aspire
A fixer mes plaisirs et mes goûts.
Pour le Ciel c'est peu que je soupire :
Je m'engage à soupirer pour vous.
   Je m'engage, etc.

12. Puisqu'enfin dans le Ciel ma patrie,
De mes biens vous serez le plus doux,
Dès ce jour, et pour toute ma vie,
Je m'engage, et je suis tout à vous.
   Je m'engage, etc.

LE CHRETIEN RENONÇANT AU MONDE.

POUR DIEU. (AIR : N.° 87.)

1. Dieu d'amour, un monde trompeur,
M'avait séduit dès mon enfance;
Il avait corrompu mon cœur,
Il m'avait ravi l'innocence.
 Monde imposteur,
 De mon malheur
 Tu fus l'auteur;
 A Dieu je fus rebelle;
 Mais dès ce jour,
 Et sans retour,
 Au Dieu d'amour
 Je veux être fidèle   *bis.*

2. Loin de la route de la croix,
Notre part et notre héritage,
Le monde, sous ses dures lois,
Me retenait dans l'esclavage.
 Monde, etc.

3. Je renonce à tes vains attraits;
Monde trompeur, monde volage,
A mon Dieu je suis désormais;
Je l'ai choisi pour mon partage,
 Monde, etc.

4. Loin de moi tes charmes trompeurs;
C'est à Dieu seul que je veux être;
A tes plaisirs, à tes honneurs,
Je préfère mon divin maître.
 Monde, etc.

5. J'abjure ton frêle bonheur,
Et tout l'éclat qui t'environne,
Jésus est le roi de mon cœur,
A son amour je m'abandonne.
   Monde, etc.

6. Fuis loin de moi, monstre odieux ;
Péché, fruit d'un fatal délire ;
Hélas ! je fus trop malheureux
D'avoir vécu sous ton empire.
   Monde, etc.

7. Pardonnez, ô mon rédempteur !
Ma trop coupable indifférence,
Hélas, je fus long-temps pécheur,
Mais j'implore votre clémence.
   Monde, etc.

8. Par votre amour, ô mon Sauveur !
Rendez l'innocence à mon âme ;
Accordez-moi cette faveur,
Par votre sang je la réclame.
   Monde, etc.

9. Daignez par votre Passion
Rompre mes chaînes criminelles,
Et de la céleste Sion
M'ouvrir les portes éternelles.
   Monde, etc.

MÊME SUJET. (AIR : N.º 139.)

1. Je viens, mon Dieu, ratifier moi-même
Ce que pour moi l'on promit autrefois ;
Les vœux sacrés pour moi faits au baptême,

Je veux les faire aujourd'hui de mon choix.
 Je te renonce, ô prince tyrannique,
 Cruel Satan, injuste usurpateur !
 Je te déteste, et mon désir unique
 Est d'obéir aux lois du créateur.

2. Je te renonce, ô péché détestable,
Poison mortel, malgré tout tes attraits !
Oui, pour te rendre à mon cœur haïssable,
Il me suffit qu'à mon Dieu tu déplais.
 Je te renonce, ô prince, etc.

3. Plutôt mourir, monde impur, que de vivre
Selon tes lois et tes perverses mœurs ;
Ce que toujours mon âme prétend suivre :
C'est l'Evangile et ses saintes rigueurs.
 Je te renonce, ô prince, etc.

4. De tout mon cœur, mon Dieu, je renouvelle
Ces vœux sacrés; je les fais pour toujours,
Et je prétends être toujours fidèle
A les garder, avec votre secours.
 Je te renonce, ô prince, etc.

5. Vous m'avez mis au rang inestimable
De vos enfans, ô Père tout-puissant;
Je veux, pour vous, ô Père tant aimable,
Avoir la crainte et l'amour d'un enfant.
 Je te renonce, ô prince, etc.

6. Divin Jésus, je promets de vous suivre ;
D'être à vous seul je me fais une loi ;
Non, ce n'est plus pour moi que je veux vivre,
Comme mon chef, vous seul vivrez en moi.
 Je te renonce, ô prince, etc.

7. Esprit divin, remplissez-moi sans cesse ;
Animez-moi, Dieu sanctificateur ;
Et qu'à jamais fidèle à ma promesse,
Je vous conserve au milieu de mon cœur.
  Je te renonce, ô prince, etc.

LE PECHEUR
DÉTROMPÉ DES ERREURS DU MONDE. (AIR : N.° 106.)

1. Un fantôme brillant séduisit ma jeunesse,
Sous le nom du plaisir il égara mes pas ;
Insensé que j'étais ! je n'apercevais pas
L'abîme que de fleurs cachaient à ma faiblesse.
Mais, enfin, revenu de mes égaremens,
Remettant mon salut à ta bonté chérie,
O mon Dieu ! mon soutien ! après mille tourmens,
Quand je reviens à toi (*bis*), je reviens à la vie.

2. Le flambeau si vanté de la philosophie,
Ces lumières du jour dont j'admirais les feux,
M'ont conduit sur le bord du précipice affreux
Où me poussait sans cesse une force ennemie.
  Mais, enfin, etc.

3. Plaisir où j'avais cru ne trouver que des charmes,
Ivresse de mes sens, trompeuse volupté,
Hélas ! en vous cherchant, que vous m'avez coûté
De craintes, de douleurs, de regrets et de larmes.
  Mais, enfin, etc.

4. L'amitié, cet appui qui reposait mon âme,
Cet asile si doux où j'avais sommeillé,
Comme un songe menteur, quand je fus éveillé,

M'offrit la trahison au reflet de sa flamme.
>   Mais, enfin, etc.

5. Vous qui de vos vertus souteniez mon enfance,
O mon père! ô ma mère! à combien de douleurs
Ma jeunesse rebelle a dû livrer vos cœurs,
Et troubler vos tombeaux dans leur pieux silence!
>   Mais, enfin, etc.

6. Pardonnez, pardonnez à votre enfant coupable,
Hélas! cent fois puni d'oublier vos leçons,
Même au sein des plaisirs, par des remords profonds,
Il expiait déjà son crime impardonnable.
>   Mais, enfin, etc.

7. Oui, mon Dieu, c'en est fait, touché de ta clémence,
Je quitte pour jamais le monde et ses appas.
Nouvel enfant prodigue, appelé dans tes bras,
Je retrouve à la fois mon père et l'innocence,
>   Car, enfin, etc.

8. Sainte paix, calme heureux où mon âme repose,
Plaisirs délicieux dont s'enivre mon cœur,
Oh! ne me quittez plus, donnez-moi le bonheur
Qu'en vain depuis long-temps le monde me propose.
>   Car, enfin, etc.

SUR LE RESPECT HUMAIN.
(Air : N.º 88.)

Tyran des enfers,
Nous brisons tes fers

Pour nous plus d'esclavage ;
Unissons nos voix ;
Rendons à la croix
Un sincère et public hommage.

1. Jurons haine au respect humain,
Brisons cette idole fragile ;
Sur ses débris que notre main
Elève un trône à l'Evangile.
    Tyran, etc.

2. Chrétiens, d'une vaine terreur
Serons-nous toujours la victime ?
Qu'il soit banni de notre cœur
Le cruel tyran qui l'opprime.
    Tyran, etc.

3. Sous le joug d'un monde censeur
Nous gémissons dès notre enfance ;
Recouvrons, vengeons notre honneur,
Proclamons notre indépendance.
    Tyran, etc.

4. Partout flottent les étendards
Qu'arbore à nos yeux la licence ;
Faisons briller à ses regards
La bannière de l'innocence.
    Tyran, etc.

5. Tout chrétien doit être un soldat
Rempli d'ardeur, né pour la gloire ;
Quand son chef le mène au combat,
Tremblant, il fuirait la victoire !
    Tyran, etc.

6. Tandis que sur le champ d'honneur,
La valeur signale les braves,
On me verrait lâche et sans cœur
Traînant les chaînes des esclaves !
 Tyran, etc.

7. Seigneur, ton camp sera le mien ;
Tant qu'il coulera dans mes veines
Quelques gouttes du sang chrétien,
Monde, tes menaces sont vaines.
 Tyran, etc.

8. Divin Roi, jusqu'à mon trépas
Mon cœur te restera fidèle ;
Puisse la croix, guidant mes pas,
Me voir tomber, mourir près d'elle.
 Tyran, etc.

9. Chrétien, le signal est donné,
Hâtons-nous, courons à la gloire ;
L'heure du triomphe a sonné,
Le ciel nous promet la victoire.
 Tyran, etc.

MÊME SUJET. (AIR : N.º 87.)

1. Quelle nouvelle et sainte ardeur
En ce jour transporte mon âme ?
Je sens que l'Esprit Créateur
De son feu tout divin m'enflamme.
Vive Jésus ! je crois, je suis chrétien ;
 Censeurs, je vous méprise :
Lancez, lancez vos traits, je ne crains rien,
 Mon bras vainqueur les brise.

2. Il faut, dans un noble combat,
Pour vous, Seigneur, que je m'engage ;
Vous m'avez fait votre soldat,
Vous m'en donnerez le courage.
 Vive Jésus ! etc.

3. Du salut le signe sacré
Arme mon front pour ma défence ;
Devant lui l'enfer conjuré
Perdra sa funeste puissance.
 Vive Jésus ! etc.

4. Le mépris d'un monde insensé
Pourrait-il m'alarmer encore ?
Loin de m'en trouver offensé,
Je sens aujourd'hui qu'il m'honore.
 Vive Jésus, etc.

5. Dans sa fureur l'impiété
Veut me ravir le Dieu que j'aime ;
Je veux, fort de la vérité,
Lui dire toujours anathême.
 Vive Jésus, etc.

6. On a vu de faibles agneaux
Triompher de l'aveugle rage,
Et des tyrans et des bourreaux :
Faible comme eux, Dieu m'encourage.
 Vive Jésus, etc.

7. Enfant des généreux martyrs,
Puissé-je égaler leur constance,
Et trouver mes plus doux plaisirs
Au sein même de la souffrance !
 Vive Jésus, etc.

8. A la mort fallût-il s'offrir,
Ou perdre, hélas ! mon innocence ?
Grand Dieu ! je consens à mourir,
Ne souffrez pas que je balance.
Vive Jésus, etc.

9. Seigneur, à vos aimables lois
Le grand nombre serait rebelle,
Que mon cœur, constant dans son choix,
Y serait encor plus fidèle.
Vive Jésus, etc.

10. Être à vous, c'est là notre honneur,
Divin conquérant de nos âmes !
Vous servir est notre bonheur,
O céleste objet de nos flammes !
Vive Jésus ! etc.

11 Chrétiens ! ranimons notre ardeur ;
Contemplons la palme immortelle ;
Le Ciel la promet au vainqueur,
Combattons et mourons pour elle.
Vive Jésus, etc.

TOUT DOIT LOUER DIEU.

(AIR : N.º 89.)

1. Ouvrages du Seigneur,
Célébrez sa grandeur,
Annoncez sa puissance et sa gloire.
Ouvrages du Seigneur
Célébrez sa grandeur ;
Rendez gloire à votre Créateur :
Vos beautés, vos attraits

De ses divins bienfaits
Rappellent la mémoire.
Vos beautés, vos attraits,
De ses divins bienfaits
Nous offrent mille traits.

2. Quel éclat radieux
Dans la voûte des cieux !
Qu'on y voit de beautés ineffables !
Quel éclat radieux
Dans la voûte des cieux !
Que d'objets y ravissent nos yeux !
Astres du firmament,
Louez incessamment
Ses grandeurs adorables.
Astres du firmament,
Louez incessamment
Un maître si puissant.

3. Soleil, brillant flambeau,
Des astres le plus beau,
Tu lui dois ta vertu si féconde.
Soleil, brillant flambeau,
Des astres le plus beau,
Fais entendre un cantique nouveau.
Quand tu finis le jour,
Que la lune, à son tour,
T'imite et te seconde.
Quand tu fini le jour,
Que la lune, à son tour,
Lui fasse aussi la cour.

4. Que la terre, les airs,
Que les fleuves, les mers,

De son nom tout-puissant retentissent.
Que la terre, les airs,
Que les fleuves, les mers,
De sa gloire instruisent l'univers.
Que les tendres oiseaux,
Par les chants les plus beaux
De concert le bénissent.
Que les tendres oiseaux,
Par les chants les plus beaux,
L'apprennent aux échos.

5. Que l'aimable printemps,
Que l'été, dans son temps,
Viennent rendre au Très-Haut leur hommage !
Que l'aimable printemps,
Que l'été, dans son temps,
A l'envi les chantent tous les ans ;
Que l'automne et son fruit,
Que l'hiver qui le suit,
Tiennent même langage.
Que l'automne et son fruit,
Que l'hiver qui le suit,
L'honorent jour et nuit.

6. Venez tous, ô mortels !
Aux pieds des saints autels,
Adorer ce monarque suprême.
Venez tous, ô mortels !
Aux pieds des saints autels
L'honorer par des vœux solennels.
Il vous fait chaque jour
Eprouver son amour :
Aimez-le comme il aime.
Il vous fait chaque jours

Eprouver son amour :
Aimez-le à votre tour.

7. Anges, répétez-nous
Ces cantiques si doux,
Que vos voix font entendre sans cesse.
Anges, répétez-nous
Ces cantiques si doux,
Nous voulons louer Dieu comme vous ;
Qu'à jamais notre cœur
Seconde la douceur
Du zèle qui vous presse.
Qu'à jamais notre cœur
Seconde la douceur
D'une si sainte ardeur.

TRIOMPHE DE L'EGLISE.

PARAPHRASE DU PSAUME : *Quarè fremuerunt gentes.*

(AIR : N.ᵒˢ 90 et 141.)

1. Pourquoi ces vains complots, ô princes de la terre ?
Pourquoi tant d'armemens divers ?
Vous vous réunissez pour déclarer la guerre
A l'arbitre de l'univers.
Tremblez, ennemis de sa gloire ;
Tremblez, audacieux mortels ;
Il tient en ses mains la victoire ;
Tombez aux pieds de ses autels.
La Religion vous appelle,
Parmi nous faisons-la fleurir ;

Un Chrétien doit vivre pour elle, } *bis.*
Pour elle un Chrétien doit mourir.
La Religion nous appelle,
Parmi nous faisons-la fleurir ;
Un Chrétien doit vivre pour elle, } *bis.*
Pour elle un Chrétien doit mourir.

2. Depuis quatre mille ans, plongé dans les ténèbres,
Assis à l'ombre de la mort,
L'univers gémissant sous ses voiles funèbres,
Soupirait pour un meilleur sort.
Jésus paraît ; à sa lumière
La nuit disparaît sans retour,
Comme on voit une ombre légère
S'enfuir devant l'astre du jour.
La Religion nous appelle, etc.

3. Pour soumettre à ses lois tous les peuples du monde,
Il ne veut que douze pécheurs ;
Et pour éterniser le royaume qu'il fonde,
Il en fait ses ambassadeurs.
Nouveaux guerriers, prenez la foudre ;
Allez conquérir l'univers ;
Frappez, brisez, mettez en poudre
L'idole d'un monde pervers.
La Religion, etc.

4. Déjà de ces héros, du couchant à l'aurore,
La voix plus prompte que l'éclair,
A foudroyé ces dieux que l'univers honore,
D'un culte enfanté par l'Enfer.
Ouvrant les yeux à la lumière,

Rome détrompe les mortels ;
Et foule aux pieds dans la poussière
Ses dieux, ses temples, ses autels.
    La Religion, etc.

5. En vain, ô fiers tyrans ! votre main meurtrière
Fait couler leur sang à grands flots ;
Ce sang devient fécond : de leur noble poussière
S'élève un essaim de héros ;
Et courbant eux-mêmes leurs têtes,
Seigneur, sous le joug de tes lois,
Après trois siècles de tempêtes
Les princes arborent la Croix.
    La Religion, etc.

6. O reine des cités ! toi dont la destinée
Est de régner sur l'univers,
De ce joug si nouveau si tu fus étonnée,
Tu t'énorgueillis de tes fers ;
La Religion triomphante,
Sur le trône de tes Césars,
Veut que les peuples qu'elle enfante
Combattent sous tes étendards.
    La Religion, etc.

7. Que vois-je ! ô Dieu ! partout le schisme et et l'hérésie
Déchirent son sein maternel.
Laisseras-tu périr, sous les coups de l'impie,
L'objet de ton soin paternel ?
Non ; toujours battu de l'orage,
Ce vaisseau vogue en sûreté :
Jamais il ne fera naufrage,
Tu l'as dit, Dieu de vérité.
    La Religion, etc.

8. Sainte Religion, l'amour et les délices
　　De nos pères, de nos aïeux,
　Puissent toujours marcher sous tes divins
　　　　　　auspices;
　　　Et leurs enfants et leurs neveux!
　　　Si jamais de leur cœur bannie
　　　Tu t'exilais loin des Français,
　　　Que ma trop ingrate patrie
　　　Se souvienne de tes bienfaits.
　　　　　La Religion, etc.

9. Ce grand arbre, ébranlé jusque dans sa racine,
　　　Voyait mille ennemis rivaux,
　Hâter, par leurs efforts, l'instant de sa ruine,
　　　Pour se disputer ses rameaux.
　　　Dieu parle.... la Foi renaissante,
　　　En foudroyant l'impiété,
　　　Rend à l'Eglise triomphante
　　　La paix et la prospérité.
　　　　　La Religion, etc.

10. Eglise de Jésus, doux charme de ma vie,
　　　Et mon espoir dès le berceau,
　Sainte Religion, si jamais je t'oublie,
　　　Si tu ne me suis au tombeau,
　　　Qu'à jamais ma langue glacée
　　　Ne prête aucuns sons à ma voix,
　　　Et que ma droite desséchée
　　　Me punisse et venge tes droits.
　　　　　La Religion, etc.

LES CHRÉTIENS S'INVITANT LES UNS LES AUTRES A REMERCIER DIEU.

(Air : N.º 91.)

1. Célébrons ce grand jour par des chants d'allégresse,
Nos vœux sont enfin satisfaits;
Bénissons le Seigneur, publions sa tendresse,
Chantons, exaltons ses bienfaits.
Pour nous tous, pécheurs que nous sommes,
Il descend des cieux en ce jour;
C'est parmi les enfants des hommes
Qu'il aime à fixer son séjour.
Chantons sous cette voûte antique
Le Dieu qui règne dans nos cœurs;
Célébrons par un saint cantique
Et son amour et ses faveurs.

2. Réunissons nos voix, que cette auguste enceinte
Retentisse de nos concerts :
Ces lieux sont tous remplis de la Majesté sainte
Du Dieu puissant de l'univers.
Bon Père, à des enfants qu'il aime,
(Cieux ! admirez tant de bonté,)
Il donne, en se donnant lui-même,
Le pain de l'immortalité.
Chantons sous cette voûte, etc.

3. En ce jour solennel, nourris du pain des Anges
Bénissons-le, fervens Chrétiens,
Chantons-le tour à tour, répétons les louanges
Du Dieu qui nous comble de biens.

Bon Pasteur, aux meilleurs herbages,
Il conduit ses jeunes agneaux;
Il les mène aux plus frais ombrage;
Il les mène aux plus claires eaux.
Chantons, etc.

4. Ta parole, Seigneur, plus douce à mon oreille
Que l'instrument le plus flatteur,
Ta parole est pour moi ce qu'à le douce abeille
Est la suave et tendre fleur.
Trois fois heureuse, la famille
Fidèle aux lois que tu prescris,
Où la mère en instruit sa fille,
Où le père en instruit son fils!
Chantons, etc.

5. Loin des traits du chasseur la colombe timide
Cherche le repos des déserts;
J'ai cherché le repos dans le temple où réside
Le Dieu bienfaisant que je sers.
Sous les tentes des grands du monde,
Courez, peuple aveugle et pécheur,
Moi, j'ai choisi la paix profonde
Des tabernacles du Seigneur.
Chantons, etc.

6. Dieu! que je crains ce monde! où les plaisirs, les vices,
De toutes parts vont m'assiéger.
O toi, qui de mon cœur as reçu les prémices!
Veille sur moi dans le danger;
De tes saints préceptes d'avance
Munis-le comme d'un rempart;
Entoure mon adolescence

De la sagesse du vieillard.
Chantons, etc;

7. Loin de moi ces faux biens que les mondains chérissent,
Et dont l'éclat est si trompeur !
Périssables humains, sur des biens qui périssent,
Comment fonder notre bonheur?
Il se dérobe à la poursuite ;
Et dès qu'on a cru le saisir.
Le temps l'emporte dans sa fuite,
Et nous laisse le repentir.
Chantons, etc.

8. La course des méchans, plus fugitive encore,
Les précipite vers leur fin ;
Je les vois redoutés à la première aurore,
Et je les cherche à mon matin.
Tel que dans les champs qu'il inonde,
S'engloutit un torrent fangeux ;
Un moment ils troublent le monde,
Et leurs noms meurent avec eux.
Chantons, etc.

ENGAGEMENS

D'ÊTRE A DIEU POUR TOUJOURS. (AIR : N.° 92.)

1. Mon cœur, en ce jour solennel,
Il faut enfin choisir un maître ;
Balancer serait criminel,
Quand Dieu seul est digne de l'être.
C'en est donc fait, ô Dieu Sauveur ! ⎫
A vous seul je donne mon cœur.   ⎭ bis.

2. A qui doit-il appartenir,
   Ce cœur qui vous doit l'existence,
   Que vous avez daigné nourrir
   De votre immortelle substance ?
      C'en est, etc.

3. A chercher la félicité,
   Hélas ! en vain je me consume ;
   Loin de vous tout est vanité,
   Déplaisir, tristesse, amertume.
      C'en est, etc.

4. Vous seul pouvez me rendre heureux ;
   Je le sens, oui, votre présence
   A pleinement comblé mes vœux,
   Et fixé ma longue inconstance.
      C'en est, etc.

5. Que sont tous les biens d'ici-bas ?
   Qu'ils ont peu de valeur réelle !
   Tous ensemble ils ne peuvent pas
   Satisfaire une âme immortelle.
      C'en est, etc.

6. Que puis-je désirer de plus !
   Je possède mon Dieu lui-même.
   Ah ! tous les biens sont superflus,
   Quand on jouit du bien suprême.
      C'en est, etc.

7. En vain, trop séduisans plaisirs,
   Vous faites briller tous vos charmes,
   Vous trompez toujours nos désirs,
   Et vous finissez par des larmes.
      C'en est, etc.

8. Dans votre festin précieux,
   Quelle innocente et douce ivresse !

O quels plaisirs délicieux
Me fait goûter votre tendresse !
C'en est, etc.

9. Le monde prétend à tout prix
Qu'à suivre ses lois je m'engage :
Tu n'obtiendras que mon mépris,
Monde aussi trompeur que volage.
C'en est, etc.

10. Vous m'avez dit avec douceur :
Mon enfant, prends mon joug aimable;
Quand on le porte avec ardeur,
Il est léger, doux, agréable.
C'en est, etc.

11. Qu'il sont étonnans vos bienfaits !
Leur grandeur fait mon impuissance;
Et comment pourrais-je jamais
Acquitter ma reconnaissance ?
C'en est, etc.

12. Vous voulez bien me demander
De mon cœur la chétive offrande :
Hésiterais-je d'accorder
Ce que le Tout-Puissant demande ?
C'en est, etc.

13. Oui, ce cœur vous est consacré ;
Je veux que toujours il vous aime :
J'en atteste le don sacré
Qu'il tient de votre amour extrême.
C'en est, etc.

TRIOMPHE DE LA CROIX.

(AIRS : N.ºs 93 et 147.)

1. Vive Jésus, vive sa croix ;
N'est-il pas bien juste qu'on l'aime ;
Puisqu'en expirant sur ce bois
Il nous aima plus que lui-même ?
Chrétiens chantons à haute voix :
Vive Jésus, vive sa croix. *bis.*

2. Vive Jésus, vive sa croix,
Le Sauveur l'ayant épousée,
Elle n'est plus comme autrefois
Un objet d'horreur, de risée.
   Chrétiens, etc.

3. Vive Jésus, vive sa croix ;
Arbre dont le fruit salutaire
Répare la mal qu'autrefois
Fit le péché du premier père.
   Chrétiens, etc.

4. Vive Jésus, vive sa croix :
C'est l'étendart de sa victoire ;
Par elle il nous donna ses lois,
Par elle il entra dans sa gloire.
   Chrétiens, etc.

5. Vive Jésus, vive sa croix ;
De tous nos biens source féconde ;
Qui, dans le sang du Roi des rois,
A lavé les péchés du monde.
   Chrétiens, etc.

6. Vive Jésus, vive sa croix;
La chaire de son éloquence
Où me prêchant ce que je crois
Il m'apprend tout par son silence.
  Chrétiens, etc.

7. Vive Jésus, vive sa croix,
Ce n'est pas le bois que j'adore;
Mais c'est mon Sauveur sur ce bois
Que je révère et que j'implore.
  Chrétiens, etc.

8. Vive Jésus, vive sa croix,
Prenons-la pour notre partage;
Ce juste, cet aimable choix
Conduit au céleste héritage.
  Chrétiens.

CANTIQUE A LA SAINTE CROIX.

(AIR : N.º 94.)

1. Croix auguste, croix consacrée
Par les soupirs de Jésus-Christ!
C'est vous qui fûtes enivrée
Du sang que ce Dieu répandit :
Vous vîtes la douleur amère,
Que par amour il endura,
Il vous rendit dépositaire
Des derniers mots qu'il proféra.   *bis.*

2. Vous êtes cette chaire auguste,
Où va s'instruire le pécheur,
Ce lit de noces où le juste
Est enfanté pour le Seigneur :

Vous êtes son char de victoire,
L'autel où ce Dieu meurt pour nous,
Le tribunal où dans sa gloire
Il doit un jour nous juger tous.   *bis.*

3. Quels gages voyons-nous éclore
Du rachat de tout l'univers ?
De son sang la croix fume encore,
Et déjà sont brisés nos fers.
Vivez, mortels, dans l'espérance,
Ce sang est un gage certain,
Un monument, une assurance
Du bonheur de votre destin.   *bis.*

4. Vous donc qui seule aux enfans d'Eve
Découvrez le chemin du ciel,
Croix, par qui le Sauveur s'élève
Jusques au sein de l'Eternel;
Vous êtes la route divine
Où l'on doit conduire ses pas;
Le chef est couronné d'épine,
Est-ce à nous d'être délicats ?   *bis.*

5. Heureux celui qui se repose
Toujours à l'ombre de la croix !
Si d'une main Dieu nous l'impose,
De l'autre il en soutient le poids :
Elle devient notre ressource,
Elle nous tend les bras à tous;
C'est de cette abondante source
Que tous ces dons coulent sur nous. *bis.*

POUR LE JOUR DE LA PLANTATION

DE LA SAINTE CROIX. (AIR : N.º 95.)

1. Célébrons la victoire
D'un Dieu mort sur la croix,
Et pour chanter sa gloire,
Réunissons nos voix :
De son amour extrême
Cédons aux traits vainqueurs ;
Pour le Dieu qui nous aime,
Réunissons nos cœurs.

Du vainqueur de l'enfer célébrons la victoire ;
Réunissons nos cœurs, réunissons nos voix,
Chantons avec transport son triomphe et sa gloire,
Chantons vive Jésus ! chantons vive sa croix ! *bis.*

2. Sa Croix, heureux symbole
De son amour pour nous,
Jadis du Capitole
Chassa les dieux jaloux :
Alors dans l'esclave,
L'homme à d'infames dieux
Payait par son hommage
Le droit d'être comme eux.
   Du vainqueur, etc.

3. Grand Dieu, seul adorable,
Seul digne de nos chants,
Seul de l'homme coupable
Vous n'avez point d'encens ;
Mais que votre tonnerre

Fasse entendre sa voix,
Et force enfin la terre
A respecter vos lois.
 Du vainqueur, etc.

4. Mais son cœur qui s'oppose
A ses foudres vengeurs,
Par l'amour se propose
De conquérir les cœurs :
Pour expier nos crimes,
Notre sang est trop peu,
Il faut d'autres victimes
Pour désarmer un Dieu.
 Du vainqueur, etc.

5. Son fils, verbe adorable,
Doit tomber sous ses coups ;
Son sang seul est capable
De calmer son courroux.
Pour ma grâce il soupire,
Il l'exige en mourant ;
Sur la croix il expire,
Et l'univers se rend.
 Du vainqueur, etc.

6. Tel qu'après les orages,
Le soleil radieux
Dissipe les nuages,
Rend leur éclat aux cieux :
Tel le Dieu que j'adore,
Trop long-temps ignoré,
Du couchant à l'aurore
Voit son nom adoré.
 Du vainqueur, etc.

7. La croix, heureux asile
   De l'univers soumis,
   Brave l'orgueil stérile
   De ses fiers ennemis :
   On s'empresse à lui rendre
   Des hommages parfaits ;
   Sa gloire va s'étendre
   Autant que ses bienfaits.
      Du vainqueur, etc.

8. Quel éclat l'environne !
   Elle voit à ses pieds
   Le sceptre et la couronne
   Des rois humiliés.
   Rome cherche à lui plaire,
   Tout suit ses étendards ;
   Et le Dieu du Calvaire
   Est le Dieu des Césars.
      Du vainqueur, etc.

9. Ce Dieu seul est aimable :
   Cédons à ses attraits ;
   D'un amour immuable
   Payons tous ses bienfaits ;
   Portons-lui nos offrandes,
   Et parons son autel
   De fleurs et de guirlandes
   Dignes de l'immortel.
      Du vainqueur, etc.

10. Que le ciel applaudisse
    Aux chants de son amour,
    Et que l'enfer frémisse
    Du bonheur de ce jour !

Chantons tous la victoire
Du maître des vainqueurs ;
Consacrons à sa gloire
Et nos voix et nos cœurs.
Du vainqueur, etc.

RESIGNATION DANS LES SOUFFRANCES.

(air : N.ºs 9, 10, 11, 32.)

1. Voilà donc mon partage,
La souffrance ou la mort !
Dieu l'ordonne, il est sage :
Je dois bénir mon sort.
Au printemps de ma vie
J'ai cueilli quelques fleurs ;
Pour punir ma folie,
Dieu me condamne aux pleurs.

2. En vain, monde frivole
Tu veux les adoucir ;
Lorsqu'un Dieu me console,
Ah ! laisse-moi souffrir.
Tes biens, tes espérances,
Tes plaisirs ne sont rien ;
Et j'ai dans les souffrances
La source de tout bien.

3. Si le Dieu des vengeances
Appesantit ses coups,
Mes maux et mes souffrances
Calmeront son courroux ;

S'il est juge, il est père;
Il entendra ma voix;
Et le Dieu du Calvaire
Sait adoucir les croix.

4. Il connaît mes alarmes,
Il compte mes soupirs;
Il veut payer mes larmes
Par d'éternels plaisirs;
Doux espoir qui m'anime
Et soulage mon cœur;
Si je suis sa victime,
Il sera mon bonheur.

5. Pour un Dieu quand on l'aime,
Souffrir est un bienfait :
Et la souffrance même
Est un plaisir parfait.
Ah ! qu'on trouve de charmes
A pleurer chaque jour,
Quand on répand des larmes
Pour un dieu plein d'amour !

6. Vous qui de ce bon père
Eprouvez le courroux;
Montez sur le Calvaire
Voyez..... et plaignez-vous.
Si Jésus, sans se plaindre,
Est mort dans les douleurs,
Un pécheur doit-il craindre
De verser quelques pleurs ?

7. C'en est fait; je t'embrasse,
O Croix ! source d'amour;

Grand Dieu fais par ta grâce
Que je l'aime toujours ;
Un pécheur, pour te plaire,
Ne doit plus que souffrir ;
Et pour te satisfaire,
Ou souffrir ou mourir.

ACTIONS DE GRACES. (AIR : N.° 96.)

1. Bénissons à jamais
Le Seigneur dans ses bienfaits,
Bénissons à jamais
Le Seigneur dans ses bienfaits.
Bénissez-les, saints Anges,
Louez sa majesté,
Rendez à sa bonté
Mille et mille louanges ;
 Bénissons, etc.

2. C'est un bien tendre père,
Plein de bonté pour nous ;
Il nous supporte tous
Malgré notre misère.
 Bénissons, etc.

3. Comme un pasteur fidèle,
Sans craindre le travail,
Il ramène au bercail
Une brébis rebelle.
 Bénissons, etc.

4. Il a brisé ma chaîne ;
Il est mon Protecteur ;

Et, comme un doux Sauveur,
Il soulage ma peine.
  Bénissons, etc.

5. Il a guéri mon âme,
Comme un bon médecin ;
Comme un flambeau divin ;
Il m'éclaire et m'enflame.
  Bénissons, etc.

6. Il me comble à toute heure
De grâce et de faveur ;
Dans le fond de mon cœur
Il a pris sa demeure.
  Bénissons, etc.

7. Sa bonté me supporte,
Sa lumière m'instruit,
Sa douceur me ravit,
Son amour me transporte.
  Bénissons, etc.

8. Son cœur sera sans cesse
Ma force et mon appui
Je me consacre à lui ;
Son tendre amour me presse.
  Bénissons, etc.

9 Ma devise chérie ;
Ma gloire et mon bonheur,
Seront d'être au Seigneur,
Pendant toute ma vie.
  Bénissons, etc.

10. Dieu seul est ma tendresse,
Dieu seul est mon soutien,

Dieu seul est tout mon bien.
Ma vie et ma richesse.
Bénissons, etc.

MÊME SUJET (AIR : N.º 97.)

1. Aux chants de la victoire
Mêlons nos chants d'amour ;
En ce jour
Dieu descend de sa gloire
Dans cet heureux séjour.
Terre, frémis de crainte,
Voici le Dieu jaloux,
Près de nous ;
Sous sa majesté sainte,
O cieux ! abaissez-vous.

2. En vain foudres de guerre,
Vous semez sous vos pas
Le trépas.
Jésus dompte la terre
Par de plus doux combats.
Son amour et ses charmes
Sont peints en traits de feux
En tous lieux.
C'est par ces seules armes
Qu'il est victorieux.

3. Ce doux vainqueur s'avance,
Offrez, chrétiens fervens,
Vos présens ;
Offrez en sa présence
Vos vœux et votre encens ;

Partout sur son passage,
S'il voit voler vos fleurs
  Et vos cœurs,
Il paiera votre hommage
Des plus riches faveurs.

4. Qu'un nuage obscurcisse
L'éclat de ce grand Roi
  Devant moi,
Le soleil de justice
Luit toujours à ma Loi ;
Perçant les voiles sombres
Qui dérobe ses feux,
  A mes yeux,
J'aperçois sous ces ombres
Le monarque des cieux.

5. Courez, peuple volage,
Triste jouet du sort,
  Loin du port,
Affronter le naufrage,
La tempête et la mort
A l'ombre de ses ailes ;
Nous goutons de la paix
  Les bienfaits :
Et tous nos cœur fidèles
L'aimeront à jamais.

6. Allez, mondains perfides,
Allez porter ailleurs,
  Vos faveurs ;
Nos âmes sont avides
De plus nobles douceurs ;

Adieu, perfide monde,
Je foule aux pieds tes biens,
Tes liens :
Tout mon espoir se fonde
Dans le Dieu des Chrétiens.

HYMNE DE RECONNAISSANCE.

(Air : N.º 87.)

1. Entonnons, Chrétiens, aujourd'hui
L'hymne de la reconnaisance.
Le Seigneur s'est fait notre appui,
Exaltons sa toute-puissance.
    Dieu s'est montré,
    Il a brisé,
    Pulvérisé
Le sceptre, la couronne
    Des orgueilleux
    Audacieux,
    Qui, dans les cieux,
Voulaient placer leur trône.

2. De tous les bienfaits du Seigneur,
Ne perdons jamais la mémoire ;
En tous temps louons sa grandeur,
Et publions partout sa gloire,
    Dieu s'est ; etc.

3. Il a paru dans les combats.
Comme un guerrier plein de vaillance ;
Des plus célèbres potentats
Il a renversé la puissance.
    Dieu s'est ; etc.

4. O Dieu ! les méchans en fureur
 Voulaient perdre votre héritage ;
 La mer, à votre voix, Seigneur,
 Nous ouvrit un libre passage.
  Dieu s'est, etc.

5 Dévorés par votre courroux,
 Ainsi qu'une paille légère,
 Ils ont disparu devant vous
 Comme un tourbillon de poussière.
  Dieu s'est, etc.

6. Qui peut être semblable à vous ;
 Dieu fort, Dieu puissant, Dieu terrible ?
 Les méchans tombent sous vos coups ;
 Et vous êtes seul invincible.
  Dieu s'est, etc.

7. Vous avez protégé, Seigneur,
 Israël par votre puissance ;
 Vous seul êtes son conducteur,
 Vous seul serez sa récompense.
  Dieu s'est, etc.

MÊME SUJET. (AIR : N.° 142.)

1. Au Dieu d'amour gloire à toute heure,
 Honneur à jamais en tous lieux !
 Pour nous il abaisse les cieux,
 Près de nous il fait sa demeure.
Refr. Non, non, non, de tant de bienfaits
 Ne perdons jamais la mémoire ;
 Non, non, non, ne cessons jamais
 De publier partout sa gloire.

2. Des grands, des puissans de la terre
Il ne cherche pas les palais ;
D'un cœur pur les simples attraits
Ont seul le bonheur de lui plaire.
   Non, non, etc.

3. L'autel est son trône de grâce,
Il y règne au milieu de nous :
Son divin cœur ouvert à tous,
Nous attend pour y prendre place.
   Non, non, etc.

4. Près de nous sa vive tendresse
Le retient la nuit et le jour,
A lui faire souvent la cour,
N'est-il pas juste qu'on s'empresse ?
   Non, non, etc.

5. Dans nos travaux, dans nos misères,
Il est le Dieu consolateur ;
Et, dans ses regrets, le pécheur
Trouve en lui le meilleur des pères.
   Non, non, etc.

6. Oui, dans ce mystère adorable,
Jésus pour nous brûle d'amour ;
Pour lui désormais, en retour,
Brûlons d'un amour ineffable.
   Non, non, etc.

7. Pleins d'une douce confiance,
Prosternons-nous à son autel,
Et qu'un dévoûment éternel
Prouve notre reconnaissance.
   Non, non, etc.

MÊME SUJET. (AIR : N.º 145.)

1. Du Dieu d'amour et de clémence
Célébrons à jamais l'ineffable bonté.
 Sion, que ta reconnaissance
 Egale son éternité.

2. Lui-même éclaire notre enfance,
Et dévoile à nos cœurs sa divine beauté.
 Sion, etc.

3. Il s'est chargé de notre offense,
Il a porté le poids de notre iniquité.
 Sion, etc.

4. Pour nous sous une humble apparence,
Il dérobe l'éclat de sa divinité.
 Sion, etc.

5. Il nous nourrit de sa substance,
Et nous rend tous nos droits à l'immortalité.
 Sion, etc.

6. Il ranime notre espérance,
Et nous fait héritiers de sa félicité.
 Sion, etc.

7. Il sera notre récompense,
Au séjour de la gloire, en la sainte cité.
 Sion, etc.

8. Pleins d'une douce confiance,
Célébrons à l'envi sa gloire et sa bonté.
 Sion, etc.

SUR LA PERSÉVÉRANCE.

(AIR : N.º 98.)

1. Jour heureux, sainte allégresse,
Jésus règne dans mon cœur,
Pourquoi donc, sombre tristesse,
Viens-tu troubler mon bonheur?
Hélas! de mon inconstance
J'ai l'affligeant souvenir,
Et pour ma persévérance,
Je redoute l'avenir.

Refr. Doux Sauveur de l'enfance,
Cache-nous dans ton cœur,
Conserve-nous la ferveur,
Et l'innocence, et le bonheur.
Et le bonheur et l'innocence,
Conserve-nous la ferveur,

2. Je connais trop ma faiblesse,
Mes penchans impérieux,
Et la dangereuse ivresse,
Que le monde offre à mes yeux.
Dans sa fureur meurtrière
Je vois l'enfer accourir :
Ah! si tout me fait la guerre,
Ne faudra-t-il pas périr?
      Doux Sauveur, etc.

3. Quoi! me dit le Dieu suprême,
Tu pourrais fuir mes autels!

Quoi ! tu briserais toi-même
Ces nœuds chers et solennels !
Contre toi tout court aux armes,
Tout conjure à t'entraîner :
Cher enfant de tant de larmes,
Veux-tu donc m'abandonner ?
  Doux Sauveur, etc.

4. Moi, trahir le Dieu que j'aime !
Mon Dieu déchirer, ton cœur,
T'oublier, bonté suprême !
Outrager mon Bienfaiteur !
Ton sang coule dans mes veines,
Et je pourrais te trahir :
Ah ! reprendre encor mes chaînes !
Non, Seigneur, plutôt mourir !
  Doux Sauveur, etc.

5. Mais quoi ! le Dieu que j'adore
N'est-il plus le Dieu puissant ?
Et sitôt que je l'implore
Ne suis-je pas triomphant ?
S'il m'expose à cette guerre,
Est-ce pour m'y voir périr ?
Si je ne suis que poussière,
Sa main peut me soutenir.
  Doux Sauveur, etc.

6. Avec ta grâce j'espère,
Et je m'élance aux combats ;
Vigilance, humble prière,
Vous assurerez mes pas.
Loin de moi, monde perfide,
Amis, livres corrupteurs,

Respect humain, fausse égide,
Je renonce à vos douceurs.
  Doux Sauveur, etc.

7. Vierge sainte, ô tendre Mère !
Je me jette entre vos bras :
Là, viens me faire la guerre,
Enfer, je ne te crains pas.
A ton nom, Vierge Marie,
Je sens mon cœur s'attendrir ;
Qui t'invoque, obtient la vie ;
Qui t'aime ne peut périr.
  Doux Sauveur, etc.

PRIÈRE A JÉSUS-CHRIST.
(AIR : N.ᵒˢ 98 et 99.)

1. Seigneur, les méchants conjurés
Veulent ruiner votre héritage.
Les cœurs qui vous sont consacrés
Trouvent auprès de vous leur force et leur courage.
  O Jésus ! source des vertus,
  Que nos cœurs s'entraiment, s'unissent ;
  Et que les échos retentissent
  Du cri sacré : Vive Jésus ?
    Et que les échos, etc.

2. Prosternés tous en ces saints lieux,
nous implorons votre clémence,
Pardonnez-nous, ô Roi des Cieux !
Et détournez de nous votre juste vengeance.
  O Jésus, source, etc.

3. Nous avons péché contre vous ;
   Nous confessons nos injustices ;
   Si vous n'aviez pitié de nous,
Nous n'échapperions pas à d'éternels supplices.
       O Jésus, source, etc.

4. Daignez, Seigneur, nous convertir,
   Rappelez-nous tous à la vie,
   Formez en nous le repentir,
Réveillez notre Foi trop long-temps endormie.
       O Jésus, source, etc.

5. Vive Jésus en notre cœur !
   Vive Marie ! et dans la France
   Régne la Foi, règne l'honneur,
La paix, le repentir, l'équité, l'innocence.
       O Jésus, source, etc.

EXAMEN GÉNÉRAL DE CONSCIENCE.

1.° En vous examinant, ne mettez pas sur votre compte tous les péchés que vous trouvez dans les livres ; ne vous attribuez que ceux que vous reconnaîtrez avoir commis.

2.° Faites attention au nombre de fois *qu'une faute vous est arrivée*. Il faut tâcher de l'indiquer, non pas d'une manière précise, mais à-peu-près, en désignant telle faute par *an*, telle autre par *mois*, telle autre par *semaine*, ou par *jour*, selon que l'habitude est plus ou moins invétérée..... Faute de cette précaution, vous vous accuserez fort mal, en n'indiquant pas le nombre de fois, ou, ce qui revient au même, en disant au hasard, comme font certaines personnes qui disent, à chaque péché, 3 fois, 10 fois, plus ou moins.

Confessions et Communions précédentes.

Avoir négligé de s'examiner, l'avoir fait à la hâte, superficiellement ;..... avoir reçu l'absolution sans un vrai regret du passé, sans ferme propos pour l'avenir ;..... avoir caché ou déguisé quelques fautes, par honte ou par malice ;..... avoir omis ou mal fait sa pénitence sacramentelle..... Avoir communié sans préparation, sans respect, avec de mauvais motifs ;..... avoir communié avec des inquiétudes bien fondées ; l'avoir fait en état de péché mortel.

COMMANDEMENS DE DIEU.

Ier COMMANDEMENT.

Avoir omis ses prières ; les avoir faites à la hâte, avec des distractions volontaires ;..... avoir passé un temps considérable sans produire des actes de foi, d'espérance et de charité..... S'être entretenu de pensées et de doutes volontaires contre quelques articles de notre croyance..... (*Il faut désigner les points qu'on a refusé de croire, ou dont on a douté.*) Avoir lu des livres contre la Foi; les avoir gardés chez soi, les avoir prêtés à d'autres..... (*Chercher à combien de personnes.*) Avoir écouté des discours contre la Foi et la Religion; en avoir tenu soi-même, par exemple : *Qu'on pouvait se sauver dans toutes les Religions; que Dieu était trop bon pour nous damner éternellement, etc.*..... Rougir de paraître chrétien; s'être entretenu dans un dégoût volontaire des choses du Ciel; être prêt à renoncer au Paradis plutôt que de se priver de certains plaisirs défendus..... Avoir désespéré de son salut;.... par désespoir s'être abandonné à ses passions..... Avoir présumé de la bonté de Dieu;..... s'être livré au mal, sous l'espoir du pardon;..... avoir murmuré, s'être dépité contre la Providence, à cause des accidens, des pertes, du mauvais temps..... Avoir vécu dans l'oubli de Dieu, lui avoir préféré la créature; être dans la disposition de l'offenser plutôt que de déplaire à certaines personnes; le voir offenser; entendre blasphémer son Saint Nom sans en ressentir de douleur.....Etre resté par sa faute, dans l'ignorance des principales vérité de la Religion; s'être moqué des pratiques de Religion; avoir tourné en ridicule la piété et les personnes pieuses; profané les choses saintes,.... Avoir mal parlé de Notre-Seigneur J.-C., de la très-sainte Vierge et des Saints; imiter, par dérision, les cérémonies de la Religion ;..... se servir des paroles de l'Écriture-Sainte, par moquerie.... Avoir consulté les Devins ;.... avoir tiré les cartes; s'être fait dire la bonne aventure.... Avoir voulu se donner au Démon ; l'avoir invoqué dans des momens de désespoir ;.... avoir lu des livres de magie...; Avoir refusé ou négligé de se confesser dans une maladie grave et dans les circonstances où la vive était en danger..... Avoir ajouté foi à des pratiques superstitieuses.

II.e COMMANDEMENT.

Être dans l'habitude de faire des sermens, de jurer sur *sa foi, en consience, en verité*, pour attester, des choses fausses ou douteuses... Avoir blasphémé le Saint Nom de Dieu ; l'avoir maudit par colère, par mépris, par aversion ; proféré certaines paroles qui approchent du blasphême, comme *parbleu*, *morbleu* ;...... prononcé des imprécations contre soi-même, contre d'autre personne, contre des animaux.... Avoir différé d'accomplir des vœux.

III.e COMMANDEMENT.

Avoir manqué, par sa faute, les saints jours de Dimanche et de Fêtes, aux instructions ;... avoir préféré une messe basse à la messe paroissiale ;.... être entré dans le lieu saint avec des yeux égarés : y avoir commis des irrévérences ;.. avoir causé durant la sainte Messe, les offices, les sermons ;... s'être laissé aller à des distractions pendant la sainte Messe, ou une partie notable du saint sacrifice ;..... porter à l'église des livres profanes ;.... Avoir travaillé ou fait travailler les jours de Dimanche, sans cause légitime (*combien de temps*.)

Il faut dire avec sincérité tout ce que vous connaissez qui augmente votre tort et votre péché ; il faut dire aussi les choses qui le diminuent considérablement, pourvu que ce ne soient pas de fausses excuses.

IV.e COMMANDEMENT.

Désobeir à ses parens, maître, supérieurs ; leur répondre avec insolence ; mépriser leurs avis dans son cœur ; témoigner ce mépris par son ton, ses manières, ses réponses ; les faire mettre en colère par ses désobéissances ; son entêtement ; prendre plaisir à les mortifier et à les voir mettre en colère ; concevoir de l'aversion pour eux ; conserver de la rancune contre eux ; s'entretenir de leurs défauts, en parler par dérision ; imiter leurs manières pour faire rire ; se révolter contre eux, les menacer ; se réjouir en leur voyant du mal..... Négliger de faire recevoir les derniers Sacremens à ses parens.

V.ᵉ COMMANDEMENT.

Concevoir de la haine contre son prochain ;.... chercher à se venger... *(Il faut dire combien cette haine, ces désirs de vengeance ont duré.)* Se disputer entre camarades, frères et sœurs ;.... s'injurier, donner des coups ; mortifier les autres par des surnoms injurieux ; leur reprocher des défauts naturels, leur souhaiter du mal, même la mort ; se réjouir en leur voyant du mal ; les faire réprimander, punir, par esprit de vengeance ;.... ne pas vouloir pardonner ;.... refuser de se réconcilier.

Scandale : Exciter les autres à faire mal ; les engager à se battre, à se venger ; les empêcher de se réconcilier ;.... applaudir à un acte de vengeance.... Les détourner du bien ; de la fréquentation des Sacremens, par railleries et par mauvais conseils.

VI.ᵉ et IX.ᵉ COMMANDEMENS.

On pèche contre la sainte vertu de pureté,
1.º *par pensée* : s'arrêter volontairement à de mauvaises pensées ; se rappeler, avec plaisir, des songes déshonnêtes....

2.º *Par désirs* : Désirer de faire de mauvaises actions ; s'arrêter volontairement à ces sortes de désirs.

3.º *Par action* : Prendre de mauvaises libertés sur soi ou sur d'autre ;... discours, regards contre la pudeur.

Il faut aussi s'examiner sur les occasions de ce

malheureux péché : parures indécentes ;.... chan‑
sons ;.... fréquentations dangereuses ; liaisons
suspectes ;.... mauvaises compagnies;.... mau‑
vaises lectures ;... spectacles, danses ; excès dans
le boire et le manger.

En cette matière, il faut, 1.° *dire si les pensées,
les désirs ont duré long‑temps ; si on les a inter‑
rompus et repris ensuite :.... car., autant de fois
que cela a eu lieu , autant de nouveaux péchés;...
quelle mauvaises impressions on a ressenties ;*
2.° *tout exprimer le plus modestement possible ,
et ne pas craindre de donner et de demander au
Confesseur toutes les explications nécessaires : la
seule répugnance à s'expliquer dans le détail ,
est une raison pour ne rien omettre.*

VIIe et Xe COMMANDEMENT.

S'approprier injustement le bien d'autrui.....
Expliquer ce qui a été pris ,.... à qui.... (sans
toutefois être obligé de nommer personne), en quel
lieu..... Garder le choses trouvées.

Participer à l'injustice d'autrui, en la conseil‑
lant ; en recélant ce qui a été dérobé.

Prendre en cachette chez ses parens ou ses
maîtres ;.... détériorer le bien d'autrui :.... passer
à travers les grains....

Tromper au jeu ;.... différer de restituer ;....
désirer de prendre, ne s'en abstenir que par
crainte ou parce qu'on n'a rien trouvé.

VIIIe COMMANDEMENT.

Avoir rendu de faux témoignages ;.... avoir
mal parlé de son prochain ;.... avoir révélé des
défauts cachés.... (*La médisance est d'autant plus
grave, que la personne dont on médit est plus res‑
pectable, le mal qu'on en dit, plus considérable.*)
Avoir écouté la médisance avec plaisir ; l'avoir
entretenue, encouragée par ses questions ;.... avoir
calomnié par légèreté , par esprit de vengeance,
par jalousie..... Avoir formé des soupçons désa‑
vantageux ;.... avoir porté des jugemens témé‑

raires sur le compte du prochain, les avoir communiqués à d'autres.... Avoir semé la division par des rapports.... Avoir menti pour faire rire ; pour s'excuser ou excuser les autres, pour nuire ; avoir soutenu des mensonges avec opiniâtreté, avec serment.

COMMANDEMENT DE L'ÉGLISE.

Avoir omis sa confession ou communion annuelle, l'avoir faite en mauvais état... Avoir mangé de la viande, des œufs, contre la défense de l'église ;.... n'avoir pas observé le jeûne d'obligation.

PÉCHÉS CAPITAUX.

Orgueil : Estime de soi-même, à cause de sa figure, de ses succès, de ses richesses ;.... de ses habits ;.... se préférer aux autres ;.... aimer les complimens ;.... mépriser les autres ;.... rougir de ses parens ;.... rechercher l'estime, par amour-propre ; par hypocrisie.

Avarice : S'attacher aux biens de ce monde ;.... désirer d'en avoir ;..... être dur à l'égard des pauvres.

Envie : S'attrister du bien et du mérite d'autrui, le rabaisser ;.... être fâché de ses bons succès ;.... se réjouir du mal qu'il lui arrive.

Gourmandise : Aimer la bonne chère ;..... les friandises ;.... satisfaire sa sensualité ;.... être mécontent de la nourriture ;... s'enivrer ;... faire des excès.

Colère : S'impatienter ;... se laisser aller à des emportements, à des violences.

Paresse : Rester trop long-temps au lit ;... perdre son temps ; l'employer à des bagatelles ;..... rester oisif ;.... négliger les soins de ses affaires, de sa famille.

NOTA. *En fait de péchés capitaux, il faut avoir soin de déclarer si c'est une habitude, depuis combien elle dure, si on a pris des moyens pour s'en corriger ;...... combien de foi par jour ou par semaine.*

ACTES AVANT LA COMMUNION.

ACTE DE FOI. — Jésus, mon souverain Seigneur, je crois avec une ferme foi, que vous êtes réellement présent dans la sainte Eucharistie; et que c'est votre Corps, votre Sang, votre Ame et votre Divinité que je vais recevoir dans cet adorable Sacrement.

ACTE D'ESPÉRANCE. — Vous avez dit, ô mon Dieu! que ceux qui espèrent en vous, ne seront jamais confondus. Je mets toute ma confiance dans vos promesses et j'espère qu'après m'être nourri de vous-même sur la terre, j'aurai le bonheur de vous voir et de vous posséder éternellement dans le Ciel.

ACTE D'AMOUR. — Divin Sauveur, qui, par un effet incompréhensible de votre amour, daignez vous donner à moi pour être la nouriture de mon âme, pourrai-je ne pas vous aimer? Oui, mon Dieu, je vous aime de tout mon cœur. Faites-moi la grâce de vivre et de mourir dans votre amour.

ACTE D'HUMILITÉ. — Mon Seigneur et mon Dieu, vous êtes la Sainteté même. Je ne suis pas digne que vous veniez en moi, mais dites seulement une parole et mon âme sera guérie.

ACTE DE DÉSIR. — Mon âme vous désire, ô mon Dieu! vous êtes sa joie et son bonheur. Daignez me visiter dans votre miséricorde. Venez habiter en moi, afin que je demeure en vous.

APRÈS LA COMMUNION.

ACTE D'ADORATION. — Je vous adore, ô Jésus! comme l'Agneau de Dieu immolé pour le salut des hommes. J'unis mes adorations profondes à celles que les Anges et les Saints vous rendent dans le Ciel.

ACTE DE REMERCIMENT. — Seigneur, vous avez regardé ma bassesse. J'étais malade, et vous m'avez guéri. J'étais pauvre et vous me comblez de biens. Que vous rendrai-je, ô mon Dieu! pour tous les dons que j'ai reçus de vous? j'invoquerai votre Saint Nom ; je chanterai éternellement vos miséricordes.

ACTE D'OFFRANDE. — Que puis-je vous offrir, ô mon Dieu! pour la grâce que vous m'avez faite, en vous donnant tout entier à moi? Je consacre à votre gloire mon corps, mon âme, et tout ce que je suis. Disposez de moi selon votre volonté.

ACTE DE DEMANDE. — Mon divin Rédempteur, qui venez de prendre possession de moi, ne permettez pas que l'ennemi de mon salut me ravisse le trésor précieux que je porte dans mon cœur. Préservez-moi de tout péché. Défendez-moi contre les tentations, et faites que je persévère jusqu'à la mort dans la pratique de votre sainte loi.

AVANT LA CONFIRMATION.

ACTE DE FOI. — Esprit-Saint, Esprit de vérité et de la vérité même, je crois fermement tout ce que vous avez dit, et je m'estimerais heureux de mourir pour la Foi.

ACTE D'ADORATION, D'HUMILITÉ ET D'ESPÉRANCE. — Esprit-Saint, je vous adore comme mon Créateur ; je ne suis pas digne que vous veniez en mon cœur souillé tant de fois par le péché ; mais j'espère de votre bonté infinie que vous le purifierez par votre grâce et l'enrichierez de vos dons les plus précieux.

ACTE DE DÉSIR ET D'AMOUR. — Venez, Esprit-Saint, venez dans mon cœur, délivrez-le de ses maux, comblez-le de vos biens ; il désire ardemment de vous recevoir et de vous aimer jusqu'au dernier soupir. O feux sacrés de l'amour divin ! embrasez-moi, faites que je brûle tout entier de vos célestes flammes.

PRIÈRE AVANT LA CONFIRMATION. — Seigneur, en recevant le sacrement de la Confirmation, nous allons recevoir votre Saint-Esprit avec tous ses dons. Abandonnés à nous-mêmes, nous ne sommes que faiblesse et que corruption ; mais soutenus par tant de grâces, nous résisterons avec courage aux ennemis de notre salut. Accordez-nous, ô mon Dieu ! les lumières dont nous avons besoin pour connaître nos obligations, la sagesse pour les goûter et la force pour les accomplir. Ainsi-soit-il.

APRÈS LA CONFIRMATION.

ACTE DE REMERCIMENT. — Grâces immortelles soient rendues à Dieu pour son don ineffable que je viens de recevoir. Je vous bénirai, Seigneur, en tout temps ; je vous aimerai de tout cœur, vous qui êtes ma force contre les ennemis de mon salut.

PRIÈRE APRÈS LA CONFIRMATION. — Le signe de la Croix, ô mon Dieu ! vient d'être imprimé sur notre front ; c'est la marque à laquelle vous voulez qu'on reconnaisse ceux qui sont à vous. Ne permettez pas que notre conduite soit contraire aux engagemens que nous avons pris dans le sacrement de Confirmation. Nous ne devons plus rougir de votre Évangile ; nous devons vivre en parfaits chrétiens. Faites que les mauvais exemples ne nous portent jamais à vous offenser, et que la pureté de nos mœurs ne cesse jamais d'édifier nos frères. Ainsi-soit-il.

FIN.

TABLE DES CANTIQUES.

Adorons ici notre Dieu.	75
Adorons tous dans ce profond	72
A la mort, à la mort.	13
Allons parer le sanctuaire.	155
Amour divin.	79
Amour, au divin Rédempteur.	70
A tes pieds, Dieu que j'adore.	38
Au Dieu d'amour	197
Au fond des brûlans abîmes	148
Au point du jour	6
Au sang qu'un Dieu va répandre.	122
Aux chants de la victoire	194
Bénissons à jamais	192
Brûlons d'ardeur.	56
Célébrons ce grand jour	179
Célébrons la victoire	187
Chantons en ce jour	88
Chantons, mortels, l'amour immense	99
Cher Sion.	129
Cœur de Jésus, cœur à jamais	130
Cœur sacré de Marie	144
Comment goûter quelques repos.	37
Courbons nos fronts respectueux	74
Croix auguste, croix consacrée	185
Dans ce divin mystère	76
Dans ce profond mystère.	69
De ce profond, de cet affreux abîme.	40
De tes enfans reçois l'hommage.	136
Dieu d'amour.	64
Dieu d'amour, un monde trompeur.	16
Dieu, sensible à nos larmes.	119
Dieu va déplorer sa puissance.	15
Du Dieu d'amour.	199
Enfin, de son tonnerre.	143
Entonnons, chrétiens, aujourd'hui	196
Esprit-Saint, comblez nos vœux.	66
Esprit-Saint, descendez en nous.	63
Goûtez, âmes ferventes.	154
Grâce, grâce, suspens l'arrêt de tes...	43
Grand Dieu, quelle loi salutaire.	27
Hélas !.... quelle douleur.	44

Pourquoi ces vains complots,............... 175
Prosternés aux pieds des autels............. 80
Quand l'eau sainte du baptême,............. 158
Que cette voûte retentisse.................. 72
Que j'aime ce divin enfant !................ 121
Que Jésus est un bon maître !............... 107
Quel doux penser me transporte............. 96
Quel feu s'allume dans mon cœur !........... 109
Quel noble feu vient enflammer............. 92
Quelle nouvelle et sainte ardeur............. 107
Quel spectacle nouveau..................... 9
Que tout cède à la foi..................... 11
Qu'il a de charmes à mes yeux!.............. 23
Qu'ils sont aimés, grand Dieu............... 91
Recueillons-nous, le prodige................ 69
Reviens, pécheur, à ton Dieu qui............ 35
Sainte cité, demeure permanente............ 12
Salut, aimable et cher asile................ 65
Seigneur, dès ma première................. 155
Seigneur, Dieu de clémence !............... 41
Seigneur, les méchans conjurés............. 202
Silence, ciel ! silence, terre !............... 74
Sion, de ta mélodie....................... 140
Soupirons, gémissons, pleurons............. 49
Sous ce dehors obscur qui vous............. 75
Sur cet autel.... ah ! que vois-je........... 66
Sur cet autel.... le Fils de Dieu............ 71
Tout n'est que vanité..................... 29
Travaillez à votre salut.................... 12
Triomphons, notre mère est................ 147
Troupe innocente......................... 82
Tu vas remplir le vœu de ma................ 81
Tyran des enfers......................... 186
Un Dieu vient se faire entendre............. 1
Un fantôme brillant séduisit ma............. 106
Venez, Créateur de nos âmes................ 111
Venez, divin Messie....................... 117
Viens nous tirer de cet abîme............... 34
Vive Jésus, c'est le cri de mon âme.......... 104
Vive Jésus, vive Jésus !.... vive............ 106
Vive Jésus, vive sa croix................... 184
Voici, Seigneur........................... 36
Voilà donc mon partage,................... 190
Vous m'ordonnez, grand Dieu,.............. 84
Vous qu'en ces lieux combla de............. 134